深圳市普微融资创新研究院
汕头市中小企业融资担保有限公司　联合出品

担保从业实战指南

——从初出茅庐到老练通达

主编　胡泽恩　沈　琨

中国商务出版社
·北京·

图书在版编目（CIP）数据

担保从业实战指南：从初出茅庐到老练通达／胡泽
恩，沈琨主编. --北京：中国商务出版社，2024.6（2025.3重印）
ISBN 978-7-5103-5125-9

Ⅰ.①担… Ⅱ.①胡…②沈… Ⅲ.①担保贷款—指
南 Ⅳ.①F830.5-62

中国国家版本馆 CIP 数据核字（2024）第 103872 号

担保从业实战指南——从初出茅庐到老练通达
主编 胡泽恩 沈 琨

出版发行：中国商务出版社有限公司
地　　址：北京市东城区安定门外大街东后巷 28 号　邮　　编：100710
网　　址：http://www.cctpress.com
联系电话：010—64515150（发行部）　　010—64212247（总编室）
　　　　　010—64515164（事业部）　　010—64248236（印制部）
责任编辑：云　天
排　　版：北京天逸合文化有限公司
印　　刷：宝蕾元仁浩（天津）印刷有限公司
开　　本：710 毫米×1000 毫米　1/16
印　　张：14　　　　　　　　　　　　字　　数：210 千字
版　　次：2024 年 6 月第 1 版　　　　印　　次：2025 年 3 月第 2 次印刷
书　　号：ISBN 978-7-5103-5125-9
定　　价：70.00 元

编　委　会

序　言

当前，中国经济正处于转型升级的关键阶段，机遇与挑战并存，中小企业作为我国经济发展的中坚力量，不仅是推动社会主义市场经济发展的最活跃因子，更是实现社会经济高质量发展的关键因素。面对全球政治、经济形势的深刻变化，党和政府始终坚持以习近平新时代中国特色社会主义思想为指导，出台了一系列支持、鼓励中小企业发展的政策和举措，全方位支持中小企业发展壮大。

特别是2023年下半年以来，随着国内普惠金融政策环境的持续优化，融资担保的地位和作用日益凸显，成为连接资金与中小企业的关键纽带。在这样的政策背景下，《担保从业实战指南——从初出茅庐到老练通达》一书应运而生，本书以流畅、活泼的故事性语言，深入浅出地介绍了融资担保行业、融资担保业务的内在逻辑和外在魅力，生动记录了融资担保项目经理这一平凡而伟大的职业。

全书由五章构成，二十五个精彩纷呈的故事串联成一幅完整的担保项目经理从业画像。第一章"初出茅庐"，重点描绘了担保公司职场新人的初步探索和实践。第二章"略有小成"，通过一系列案例展示了担保项目经理在实战中的逐步成长。第三章"渐入佳境"，展现了担保项目经理如何提升专业技能、掌握市场策略，完成职业蜕变。第四章"误入歧途"，以警示性的案例提醒担保从业者廉洁从业的重要性。第五章"老练通达"，既是对成熟担保项目经理宝贵从业经验的精炼概括，又展示了对担保行业的全新、深刻认知，为担保从业者提供了宝贵的职场智慧。

　　全书通过一线项目经理"小帅"等人的成长经历，沉浸式地展现了担保业务的从业逻辑与魅力。书中的每个故事不仅展现了担保文化的精髓，还映射出中小企业在融资过程中的痛点、难点。这些故事理论深度与实践温度兼备，对于想走进担保行业、了解担保行业、加入担保行业的读者来说，具有较高的阅读价值。

　　本书不仅是对担保从业者的崇高致敬，也是对我国金融市场多元化发展的有力探索。期待本书能够激励更多的金融从业者来关注中小企业发展，促进普惠金融和实体经济的深度融合，为我国经济高质量发展贡献智慧与力量。

　　最后，祝愿每位正在追梦的担保人在阅读本书的过程中，能够感受到担保行业的魅力和挑战，并在业务挑战中实现自身价值，为中小企业的高质量成长注入更多的勇气和动力，为中国民营经济的蓬勃发展添砖加瓦。

目录

CONTENTS

初出茅庐

第一章

第一节　羽翼未丰

一、雏鸟展宏图

《战国策》中，洛阳人苏秦，学纵横之术，游说秦王，书十上而不为用，资用匮乏，潦倒而归。彼时的苏秦，犹如羽毛未丰的小鸟，无法振翅飞于动荡的政治舞台。回忆起刚入行的小帅，恰似苏秦，羽翼未丰。

（一）

身后摇曳的树影、案头闪烁的电脑屏幕、窗外如织的车流，让入职担保公司不久的小帅陷入沉思。两个月前，小帅从 985 高校顺利毕业并回到老家，时隔多年重回故土，怀揣着沉甸甸的毕业证书，村里的各位亲戚邻居对他报以欣慰的笑容。父母含辛茹苦，小帅心怀感恩，立志好好工作以报答国家和父母的养育之恩。这时，一家担保公司向毕业于金融专业的小帅抛出了橄榄枝。这家担保公司在金融界享有盛誉。彼时的小帅，犹如刚出山的苏秦，自觉掌握着纵横捭阖之术，信心满满地接下了这份工作。

刚一踏入公司，小帅便感受到了紧张高效的工作氛围。同事们如潮水般涌动，三三两两围坐着，低声谈论着一些听起来非常专业的名词。"我们需要进一步夯实尽调工作！""数据勾稽出现不一致！"尽管大家都眉头紧锁，但眼神却异常坚定。办理完入职手续回到工位就座，办公室已不见之前的拥挤与热闹。大半的工位空了，耳边仅剩"哒哒哒"的键盘声。"他们都去哪儿了？"小帅心里想着，放下从办公室领来的学习材料，效仿两边的工位，将桌面整理得井井有条，并小心翼翼地把书角一个个捻平。

"小帅，跟我出去见个客户。"在小帅入职的第四天，等到了外出调研的良机。第一次和师傅外出的小帅端坐在副驾驶上，显得有点拘谨，双手紧抱胸前。而师傅老陈，一位以调研风格异常严谨细致而出名的资深融资担保项目经理，双手紧握方向盘。车窗半降，凉风吹开空气中的一丝燥热。这时，老陈清了清嗓子："小帅，能谈谈你对担保的理解吗？"

小帅的大脑开始飞速运转，自参加公司面试以来，"担保"两个字可算是高频词汇，但至今对小帅依然蒙着神秘面纱。从《融资担保公司管理条例》《担保法》案牍，再到《民法典》的债权篇，担保、反担保、再担保、保证、抵押、质押、留置，这些专业名词在小帅脑中如同八仙过海，各自施展神通，纷争不休。担保是古罗马法中以财产转移权利来保障债务履行的制度？还是中国古代星罗密布的典当行和钱庄？又或是"立契作保、你赖我偿"的巧妙机制？揉了揉眉头，小帅心绪随风飘动，仿佛穿越时空，置身于繁华的长安城。他接过掌柜的飞鸽传书，步入柜坊，与商贾们并肩而坐，拍了拍胸膛，执笔便书一个保，"且借他去！""老陈师傅，担保是帮助客户从银行借钱的类中介吗？"曾经在演讲台上崭露头角、辩论场上挥斥方遒的小帅，此时竟然眉

初生雏鸟展宏图

头紧锁，从未想到自己居然回答的如此没有底气。

老陈敏锐地察觉到了小帅的困惑，多年的经验告诉他，这个新同事陷入了对担保的传统误解。思绪流转，过往的记忆涌上心头。但谁又不是从那个阶段过来的呢？时光荏苒，但他依然记得那日黄昏，办公楼下自己师傅的谆谆教诲："记住这个项目的教训，九一分担，进取创新。"老陈看着小帅，仿佛看到了当初的自己，便没有多做解释，只是让小帅别急，一周之后再告诉他答案。

（二）

时间刚过正午，闷热的天气催人入睡，略微黏糊的感觉让人全身不适。这是老陈和小帅今日外出调研的第二家企业，尽管已经在外面奔波了一个上午，但老陈仍很精神，折起的袖子方方正正，衣服上三两处褶皱，依旧干净整洁。小帅壮了壮胆："师傅，这次我们要去的是什么企业呀？""前几天和地区纺织协会有过一次交流，协会负责人向我推荐了一家实力雄厚的化工海绵生产企业，企业老板为人正派，但似乎总是与银行贷款额度擦肩而过。"师傅娓娓道来，"最近老板大胆创新，成立了一家新公司，瞄准了下游坯布生产领域。但投入较大，资金略显紧张。他希望能有一笔贷款，为公司发展增加动力。"在那次与协会交流过后，师傅成功和企业老板大壮建立了联系。通过前期的电话交流，师傅也对企业的经营情况有了一定的了解。作为在两潮地区经营了30余年的化工海绵生产企业，其与当地传统内衣产业深度绑定，在当地收获了一大批长期合作的忠诚客户，企业规模也逐年增长。

"那我们这次是带银行去认识企业吗？"相处了一段时间，小帅与老陈渐渐熟络，"只要我们承诺给企业提供担保，银行就愿意给企业放大额度"。小帅颤抖的声音里透露出兴奋，仿佛成功就在眼前。"担保、担保公司，可没有你想的那么简单。"老陈认为，实践出真知，尽职调研是新人绝佳的学习机会，"正好，你利用这次企业调研的机会好好学习学习"。

没多久两人就来到一片繁荣的现代化工业园区。一眼望去，这里分布着众多现代化的工厂和办公楼，它们的外观整齐划一，宛如一片精心组织的生产集群，有着宽敞平坦的道路和清晰的交通标志。大型货车来来往往，虽然繁忙但秩序井然。企业的工厂就坐落在园区的中心位置，几辆大型货车停在大门口，工人们正忙碌地卸货。包装上露出模糊的品牌名称，工人们小心谨慎地操作着每一个环节，确保货物完好无损。

"这家公司选用的设备供应商是该领域的国外龙头，他们家出产的纺织设备质量好，产品优势明显，目前国内还没有厂商可以与其竞争。"师傅指着那些设备对小帅介绍道，"这东西寿命长、贬值慢、即使是二手设备市场上也供不应求。"

"终于等到你们啦。"企业老板大壮激动地握紧师傅的手，倾诉着多年来经营的艰辛。他们并肩而行，从大门步入办公室，大壮一路详述企业的状况，小帅和师傅也慢慢了解到企业经营遇到的问题。

从早年三两人的家庭作坊到如今千百人规模的成熟企业，其发展历程可谓波澜壮阔。在这个过程中，亲戚们的鼎力相助无疑起到了至关重要的作用。正是亲戚们的加入帮助企业发展壮大，纺织设备公司才得以在竞争激烈的市场中立足。在这个大家庭中，亲情和事业的结合使得纺织设备公司更具凝聚力和向心力。亲戚们彼此之间的信任和默契，使企业在面对各种挑战时能够迅速应对，渡过难关。这种家族式的经营模式也让纺织设备公司更加注重企业文化的建设，通过传承家族的价值观和精神，不断推动企业发展壮大。

然而，这也带来了一些问题。一方面，企业内部财务管理较为传统，电脑记账与手工记账并存，销售、采购单据缺失，经营流水与私人流水混杂，纳税报表作假，难以形成一份有效的报表体现企业的真实情况。这些问题虽然对家族企业的经营没有很大的影响，但在对外融资中成了一道难以逾越的障碍。另一方面，家族与乡村的深度融合也对企业的资产形态造成了影响。企业的历史积累都投资于本村，拥有数千平方米的土地和数万平方米的建筑物。但由于历史原因，这些资产多为集体厂房，未能确权形成国有资产，甚至部分仍在村集体名下，仅能通过一份长租协议来证明企业拥有其"所有权"。这不仅限制了企业资产的有效利用和增值，也制约了企业的进一步发展和壮大。

"本地银行对我们的情况都还比较了解，但财务问题和集体资产无法抵押的痛点一直困扰着我们。"大壮苦恼地说道："银行的客户经理也很想给我们提供更多的帮助，但我们的情况确实难以符合银行风控的要求。"那确实挺难的，金融专业毕业的小帅想起了之前了解到的银行信贷的部分规则。一方面，缺乏合适的抵押物使企业难以通过银行的信贷审核；另一方面，财务数据的复杂性和不透明性也增加了银行对企业财务状况评估的难度。此外，企业经营数据的真实性和完整性难以核实，这进一步阻碍了企业融资。这些因素筑起了一道道高墙，阻断了企业的融资之路。龙头企业融资都这么难，那其他企业岂不是难上加难？银行没办法帮助企业解决的问题，担保公司能够解决，想必"担保"二字绝非自己认知的那么简单。小帅开始意识到，他对"担保"这一概念的理解还十分肤浅，但同时也如雏鸟般对未知的碧海苍天充满了向往，心里盼着能够解开"担保"的神秘面纱。

（三）

"我们需要先了解下企业的经营记账情况。"走进纺织设备公司的财务室，映入眼帘的是堆积如山的单据，十年前的老式电脑和过时的操作系统，这与外部的现代氛围形成了鲜明的对比。财务负责人是大壮的表叔，在村里以认真、负责著称，接手工作十余年没有出过一点差错。表叔已年近古稀，个子不高，身穿一件深蓝色的中山装和一双黑色的布鞋。中山装经过岁月的洗礼，虽略显磨损，但领口和袖口处都缝制着细致的针脚，干净而整洁。大壮介绍说，之前公司所有的账目都靠表叔一笔一划记录整理，一个月可以用完一本笔记本。后来公司越做越大，数据越来越多，只能用电脑系统处理。但表叔对电脑一窍不通，现在只能是两种方式混合，归总的数据仍由表叔手工记录。

小帅翻开一本账簿，字迹工整、流畅，内容井井有条，每一页都密密麻麻地写满了与客户和供应商的往来帐目。翻到账簿的最后一页，上面规整地记录了月度的销售进账、支出采购和各个客户及供应商的结欠。抬头看去，老旧的书架上整整齐齐地摆放了数十本账簿，依稀可见岁月的痕迹。"别的我们都没有，但你要看的这些账簿，十年前的都好好收着呢。"表叔操着一口方言，自信地说着。虽然没有凭证留存，但这些财务记录给人一种难以言说的踏实感。为了验证这些记录的真实性，师傅随意指了两三笔半年内的记录，表叔都能够清楚地说明这些记录的情况。他不仅对资金的收支情况了如指掌，还能够准确地说出对应的账户和交易对手的户名。这进一步证明了小帅对财务记录真实性的看法。

老陈对小帅点了点头，眼神在办公室内快速游走，每一个角落、每一件物品似乎都是他眼中的线索。突然，一本账簿下压着的几张收据引起了他的注意。他轻轻翻开那几张被压在下面的收据，正是纺织设备公司设备采购的单据。尽管字迹已经有些模糊，但仍然能看出设备的型号、数量、金额等关键信息，还有预付货款已收到的证明。老陈的嘴角浮现一丝微笑，想起了进门前看到的设备，"资产？或许我们可以从设备入手"。

这一发现让小帅兴奋不已，犹如雏鸟初次目睹鹰击长空，内心对师傅的佩服之情再度升华，"担保"的确不简单。在繁忙的办公室里，小帅专心致志地整理着客户的资料。他的眼神专注而认真，仿佛在寻找着什么宝藏。经过初步的研究和分析，他们发现这家企业的经营情况良好。小帅不禁回想起前几天的项目分析会。那次会议上，他深入了解了企业的各个方面。企业实控人为行业经验丰富的二代传承人，深耕该行业多年，凭借着对市场的敏锐洞察力和家族的传承经验，积累了丰富的上下游资源。这些资源不仅为企业提供了稳定的供应链和销售渠道，还为其在业内树立了良好的口碑和信誉。近3年来，企业的销售额呈现出快速增长的态势，客户数量也在不断增加。这主要得益于实控人对市场的精准把握和企业的不断创新。在产品研发、品质控制和营销策略等方面，企业均采取了积极有效的措施，从而提高了自身的竞争力。此外，从2019年至2022年的发展轨迹来看，企业不仅在原有的业务基础上持续稳定经营，还积极向下游拓展生意板块，并新建了厂房。这些举措进一步印证了企业的盈利能力及未来的发展潜力。在企业财务状况方面，整体销售负债率较低，资产负债结构合理，且有一定的日均余额。这表明企业的偿债能力强，财务风险较低，为企业的稳健发展提供了坚实的财务基础。同时，企业新购的设备价值较高，保值率和二手流通性都较好，符合公司"设备贷"产品的要求。企业也愿意将设备抵押给公司，以获得较高的贷款额度。

但考虑到企业目前的资金需求较大，合格设备的评估价值有限，风险敞口较大，想要给企业提供更合适的方案，还需要做些补充。老陈指导小帅，重新翻看企业数据，同时对照公司的产品手册，看有没有什么其他合适的产品。

（四）

天色渐暗，告别企业老板，小帅跟随老陈回公司整理数据资料。面对海量的企业数据，即便是整理成报告，也厚达五六十页。小帅在阅读时倍感压力，反复研读后，仍然感到毫无头绪。但老陈师傅交代，企业急需资金，我们哪怕是挑灯夜战也要理出头绪来。

小帅不敢有半分懈怠，他闭上双眼，稍作休息，又起身在工位周围走动。他无意间瞥向桌上的产品手册，"速转通"三个字跃入眼帘，小帅读着产品说明："适用于具有较高应收账款的核心企业，通过担保公司为核心企业的下游客户提供贷款担保，银行发放贷款用于支付核心企业货款，帮助企业加速货款周转。"这个产品也许可行？回想起企业账簿上密密麻麻罗列的客户结欠记录，小帅激动地找到老陈述说他的发现。同时，他也提出了疑问："加了个产品就可以帮助企业多争取一些贷款吗？"随着师傅的解释，小帅慢慢明白了产品对于担保公司的意义。为缓解在设备投资上的压力，企业通过"设备贷"产品，将新购置的高保值率和高流通性设备抵押给担保公司。此举不仅减轻了企业的经济负担，而且为企业的产能和产值增长提供了有力支持。随着设备投入运营，企业的销售收入和资金回流将成为偿还贷款的主要来源。即使在极端风险发生时，担保公司也可以通过处置抵押设备来降低自身风险，减少损失。只要抵押物、经营收入和负债情况保持在合理范围内，担保公司的风险便能够得到有效控制。企业如需更多资金支持，可利用其他金融产品发掘更多资金应用场景和风险控制方案。以"速转通"产品为例，通过将借款主体转移至企业下游客户，将还款来源扩展至企业及其客户的经营收入。此外，这样的借款明确用于企业经营还款，有助于降低应收账款对企业资金的占用，进而对企业的生产运营产生积极影响，提高资金周转率，并促进产量和销售额的增长。

通过产品的组合以及对企业经营的深入分析，企业、担保公司甚至第三方都可以实现共赢。这种共赢不仅有助于企业的稳定发展，更是对金融支持实体经济可持续的发展作出贡献。

（五）

纺织设备公司通过担保公司的担保，顺利从银行获得融资，很快就实现了坯布的生产，企业销售收入也有了大幅增长。在这一过程中，担保公司发挥了至关重要的作用，其方案不仅包含了设备抵押批复的 1000 万元资金，还通过"速转通"产品为企业额外提供了 500 万元的资金。这一举措极大地支持了纺织设备公司，为其提供了比正常银行融资高出三倍的资金支持。

在这个过程中，小帅真正地理解了担保与担保公司的内涵。与之前设想的不同，区别于银行等其他传统金融机构，担保机构是具备综合性金融能力的金融服务平台，是连接银行资金端和企业资产端的桥梁。以国家政策为导向，担保机构与银行机构发挥各自的专业优势，各司其职又相互配合，源源不断地为企业提供融资服务，并以自身信用经营承担风险，包括场景、产品、渠道、风控四大要素。

1. 场景。金融机构根据企业所处的特定场景，对其经营资金或信用需求进行深入挖掘。与传统金融服务模式下，企业往往需要提供大量的抵押物或担保品才能获得贷款不同。场景化通过深入挖掘企业所处的场景，可以更加快速、准确地评估企业的信用状况和经营能力，同时根据企业所处的场景和特点，提供更加个性化的金融服务。

2. 产品。产品是对场景研究的提炼和总结。担保公司通过构建产品生态，形成自己独特的综合金融服务体系，成熟的产品包含对客户特定资金或信用需求的挖掘、精准的营销渠道、独特的调研方案和风控标准及逻辑。

3. 渠道。从渠道的角度来看，银行并不是担保公司唯一的信息来源。根据场景化的产品设计，担保公司实现对市场需求的深入了解和对客户群体的精准定位。在此基础上，根据自身的业务特点、目标客户群体和其需求要点进行差异化营销，选择最合适的产品营销渠道，才能实现效率的最优化。可行的渠道包括但不限于银行、协会、社群组织、上下游核心企业、街道办事处、村民自治组织等。

4. 风控。作为高风险行业，风控是担保公司不可或缺的核心竞争力，关键在于调研方案的复杂程度和风险控制精度之间的平衡。同时，担保公司的风控体系与银行的风控体系互为支撑，但又显著不同。一方面，银行是担保公司最核心的合作伙伴，大部分担保客户仍需通过银行实现项目落地。若完全背弃银行的风控标准，担保客户可能面临项目难以落地的风险。另一方面，如果完全依照银行的风控逻辑和标准，担保公司的竞争优势难以体现，也更难以触及传统银行信贷体系之外的客群。

新时期的担保机构需要具备更强、更综合的金融服务能力。基于对市场的深度研究，创新开发场景化的金融产品；基于对客户群体及其需求的精准定位，拓展对接多样化的渠道；基于对市场和场景的深度分析，建立特定化的风控体系。场景、产品、渠道、风控"四位一体"，才能更好地服务资金需求方和资金供给方，实现担保公司的经济价值和社会价值。今日阳光正好，小帅看看日历，距离上次调研纺织设备公司刚好过了整整一周的时间，师傅老陈没有再询问小帅对于"担保"的理解，但小帅跃跃欲试，期盼着师傅能够带他深入"担保"，见识更广阔的碧海蓝天。

二、鸟欲高飞先展翅

韩愈《师说》有云:"古之学者必有师。师者,所以传道授业解惑也。人非生而知之者,孰能无惑?惑而不从师,其为惑也,终不解矣。"摸清了担保的前世今生,师傅老陈便领着小帅,走上担保业务的"取经之路"。正所谓"授人以鱼,不如授之以渔",老陈又将如何承担起传道授业解惑之责呢?

(一)

今日冬至,气温骤降,滨海市仿佛一夜入冬。小帅骑着共享单车穿梭在冷冷清清的马路上,寒风穿透了他的西装,侵入单薄的身子,让他不禁打了个寒战。小帅是北方人,习惯了干爽的北风、皑皑的白雪、乡间的热炕,这是他首次在珠三角过冬,湿冷的空气、刺骨的寒风伴随着淅沥的小雨,多少让小帅有点难以适应。

单车在公司对面的红灯路口停下,望着在清晨微光照射下的担保大厦,小帅思绪万千。两周前,他还是一名对"担保"一无所知的金融专业毕业生,跟随师傅老陈亲身经历了第一次企业调研,见识了"担保"的前世今生。然而,短短两周时间,便仿佛已和"担保"结缘多年,令他深深着迷,犹如雏鸟向往天空。他的嘴角微微上扬,心中激情荡漾,他坚信,在不久的将来,他将不再是公司里"蹭车"陪同看项目的"担保小白",而是能独当一面、游刃有余的"担保新星"。

小帅飞奔上楼。入职以来,小帅始终保持着上学时的习惯,每天提早一个小时到公司做好准备工作,希望当第一个点亮公司灯光的员工。然而,老陈办公座椅上披着的一尘不染的西装外套意味着小帅并不是第一个到达公司的员工。

小帅在工位上吃着早餐,突然想起老陈昨日下班前告诉过他,早上上班前自己要去银行拿取资料,嘱咐小帅认真学习担保入门书籍。担保公司对新员工的培养非常细致,"传、帮、带"导师制也不是简单的蜻蜓点水,而是每一项都落到实处。不久前，老陈认真地分析了小帅的薄弱点，并为他"量身定制"了一整套培养方案。除了每天带他接触企业，在实践中了解各类行业情况和公司运作过程，还列出了书单。比如《担保实务指南》《融资担保业务实践与指南》《工程保证担保业务实践与指南》《零距离话担保》《财务报表分析》《担保课题研究成果集》等必读书目。

一开始，小帅觉得师傅布置的这些"作业"会占用自己大量的时间，对于一个门外汉来说，每遇到专业的术语解释、复杂的流程讲解时，都会让他的阅读有些吃力。但随着小帅"逐个击破"这些复杂概念，他开始对担保行业有了一些见解和感悟。阅读每本书的过程就仿佛是在脑海中搭建一座"思维宫殿"，助小帅一砖一瓦地构筑起担保的知识架构，填补着自身的认知盲区。

小帅看了看表，见离上班时间还有 45 分钟，便风卷残云般地吃完早餐，从案牍中抽出《担保实务指南》，落实老陈给他布置的"作业"。

"早呀！"随着老陈的一声招呼，小帅被师傅从书中拉回到了现实。"小帅，你准备一下，9 点 10 分我们出发去一家内衣企业。"老陈擦拭着被雨水微微打湿的额头说道。"好的，师傅！"小帅眼里流露出跃跃欲试而又渴望成功的"原始冲动"。

（二）

从担保公司出发到调研企业差不多需要一个小时的车程，今天仍是老陈"掌舵"。坐在副驾驶的小帅，已不再像初次上战场的新兵那样紧张地抱着双臂。"小帅，这家内衣企业你了解多少？"小帅掏出手机，开始查询该企业的相关信息："这是一家成立于 2007 年从事纺织行业的个体户，没有重要风险预警。"老陈在等红灯的间隙转头对小帅说道："信息挖掘得还不够充分，据我所知，这家内衣企业已经经营 15 年了。企业前几年因市场需求影响，不得已寻求战略转型，产品销售渠道也从原本的线下转变为线上。企业的产品品质上乘，且常能推出些'爆款单品'，因此企业在转型线上后销量实现了跨越式增长。为了加速发展电销板块，补充流动资金，运营风格一向保守的企业老板也开始考虑银行贷款了。"话刚说完，绿灯亮了，师傅老练地踩了一脚油门。小帅心里暗中称赞："不愧是老项目经理。"

不觉间，车外的景色从热闹的城市街道已变为幽静的田间小路。车子经过些许颠簸，最后在一栋外墙没有贴砖的五层楼建筑外停了下来。"到了，下车吧。"师傅说道。小帅环顾四周，建筑门口杂草丛生，两边的对联已褪色脱落大半，大门也无人看守，一只小奶狗从里面跑了出来，歪着脑袋好奇地看着他们。"这家企业的形象和前段时间尽调的那一家差距未免也太大了吧。"小帅暗自思忖。

老陈拨通了企业老板蕉哥的电话，确认楼栋后，小帅随老陈爬上了5楼。看到一位50多岁大腹便便的中年男子已在楼道口等候，想必这就是蕉哥，旁边有一位长相与其酷似的年轻小伙子。蕉哥热情招呼两人来到办公室，刚落座，便给他们递上了烟。"谢谢，我不抽。"两人异口同声道。蕉哥收回了烟，沏起了茶，动作如行云流水，一气呵成。小帅心想："看来这便是潮汕老板招呼客人时必备的功夫茶了。"

"这是我儿子，之前企业是我在管理，现在由他来接班。没想到他接班后，产品销量倒是在一直增长。"蕉哥说话干脆利落。小帅却坐立难安，倒不是因为周围散落各处、颜色丰富的布料花边，而是被凳子扶手边难以直视的丁字裤羞红了脸。

"我们的产品走的是女性性感细分市场，自从我接手后，除了用传统的线下渠道销售，还找了一些主播带货，做线上销售。"蕉哥的儿子边说，边从身后拿出几条不同款式的丁字裤递给了老陈，老陈淡定地接过去，在手里感受了一下布料的质感，特别注意了一下细节处的做工，便传给了小帅。小帅佯装镇定，接过去装模作样地看了起来。

"喝茶、喝茶！"蕉哥热情地给小帅递上一盏茶，小帅接过茶抿了一口，不禁皱了皱眉，这功夫茶不像想象中那么好喝。两盏茶功夫，老陈已经和对方谈笑风生，小帅最钦佩的就是师傅每次都能驾轻就熟地切入调研正题。见几人相谈甚欢，小帅默默地从公文包里拿出了一支笔和一份调研报告模板，工工整整地开始记录起来。老陈用余光瞄了眼小帅，欲言却又止。

小帅没想到，今天让他"为难"的不仅仅是苦涩的"潮汕功夫茶"，还有地道的"潮汕普通话"。蕉哥一家都是潮南农村人，文化水平不高，操着一口潮汕味十足的普通话，这让小帅与对方交流起来无比困难，他全程竖起耳朵，生怕听错一个词。

调研过程中，老陈让小帅尝试着向蕉哥提出自己的疑问，小帅端着调研报告模板，将模板上的问题一一"念"出。但由于企业财务管理并不规范，老板对营收方面的很多数据也都说不太清楚，而且父子俩对小帅审问式的尽调也逐渐表现出了不耐烦。蕉哥抱怨道："我们就贷个 100 万元，你们怎么问得那么细，还得看什么'内账'，生意是我们自己的，我们为什么要记账？""我们本来是不想找你们的，甚至都不知道你们这个担保是干什么的，要不是银行说我们贷款资质不够，得经你们担保，不会联系你们。要是搞得太复杂我们就不做了，申请网贷也能搞来钱，贵就贵点呗……"

本就底气不足的小帅，被他们这么一说，急得后背直冒汗。他努力挤出笑容："我理解、我理解。"老陈看出了小帅初次振翅便被悬崖峭壁惊得连连后退的无奈，便在一旁帮衬道："既然银行推荐担保公司来，说明担保公司能够帮你们解决问题，你们也应该相信我们，小帅这么做也是为了帮你们顺利获得贷款，回头我让他把所需材料的清单发给你们，这样你们也不会感到有压力，彼此配合起来才会更顺畅。时间也差不多了，今天就先打扰到这了。"看着经验丰富的老陈为自己解困，小帅心宽了大半，长长地叹了口气："这次拜访总算结束了……"

（三）

回去的路上，小帅耷拉着脑袋，无心欣赏沿途的风景，他意识到，自己离梦想中的"担保新星"还相差甚远，而这，还仅仅只是开始……

"怎么样，今天有什么感触？"看着头枕着车窗、一言不发的小帅，老陈问道。

"师傅，有您带和自己独自调研客户，感受真的是完全不一样！我看您每次都能和客户谈笑风生，可怎么一轮到我来，就这么别扭呀？"

师傅微笑着问道："你觉得问题出在了哪里？"小帅挠了挠头，试探着说："我感觉是……是因为我听不懂潮汕话？"

"这不是关键。"老陈的声音开始变得沉稳而有力，"你觉得把调研报告模板打印出来带去客户那里有什么问题没有？"小帅被问得怔住了，他回想一下，说道："我想着根据报告提问题和做笔记，这样回来好整理，也不会漏掉一些重要信息……"小帅说话越来越没有底气，他似乎知道了问题所在。

老陈正色道："首先，调研报告模板是我们内部开会的资料模板，本就不该打印出来带出去，若被一些别有用心的客户得知了我们的评审内容，他们就可以提前'准备'材料了；其次，报告模板主要起指引作用，让你可以根据这些信息提示，为企业画像，发现其中的问题，而不是让你做材料和数据的'搬运工'。我们身为项目经理，报告内容应该了然于胸，随着其中的架构和脉络，通过倾听客户的方式来收集信息；最后，再回头做整合和分析，而不是当场记录。你换位思考一下，假如你是企业老板，看到一个项目经理在第一次拜访就拿出报告一字一句地提问和记录，你会不会觉得自己像是被审讯的犯人？刚刚发生的情况就是企业老板对你的尽调方式产生了反感，所以你问了几句他们就不配合了。"

老陈接着说："对客户的首次拜访非常关键。这是我们担保公司与企业建立起信任的关键时机，也对后续我们能否搜集到必要的数据信息影响很大。因此，调研拜访时，我们要充当的角色是控场人。""控场人？"小帅有些不解。老陈耐心地跟他解释道："在你以后参加尽调时，就可以发现，控场人其实才是整个活动的关键人物。我们会到各种各样的企业，遇见形形色色的老板。他们有的喜欢高谈阔论，大讲自己的创业史，甚至美化自己的企业；有的沉默寡言，你问三句他答一句，一句多余的话都懒得说；有的爱东拉西扯，一不小心就偏离主题，说很多和业务无关的事情；有的处处防备，藏藏掖掖，怕我们知道的太多；有的是银行营销渠道的客户，但是又不缺钱，你来就陪你喝喝茶，可要让他们配合提供资料，就特别难。因此，在面对不同情况时，我们就需要作为'控场人'来有效应对。但如何做好这个'控场人'呢？有几个诀窍：首先，我们要营造轻松的聊天氛围与对方把关系建立起来，只有先破解了人与人初次见面的陌生感，后面的尽职调查才能顺利地进行，这叫做'暖场'。其次，那就是我说的核心'控场'了，当轻松的氛围营造起来之后，我们要做的就是引入正题，并时刻围绕着主题去展开对话。这个时候，你要学会如何将话题引导至你熟记于心的尽调报告框架上，以便控制好对话的内容和方向。同时你还要做到'博闻强记、大胆存疑、谨慎究底',将这些信息快速地在大脑里汇总,再通过经验和常识,去判断老板说的话是否属实,将疑点记录下来,为之后的深入调研做好充分准备……"小帅将师傅的话一字一句都记在了心里。他发现,原来担保是一门集合了专业技能、信息整合、谈判沟通、心理博弈、观察推理甚至想象力等多个方面的综合学问。通过这担保入门的第二课,小帅对担保业务流程有了更加清晰的认知。

(四)

之后的几天里,小帅继续赴企业推进尽调环节,但由于内衣企业没有规范的财务记账,他在做数据整理时遇到了很大的麻烦。

首先是手写的应收和应付账单。这彻底把他拉回到那个没有电脑的"远古时代"。为了统计近3年来企业的上下游情况,他只能每天带着电脑,在现场一张张汇入,再做数据的处理和分析。一年6个本子,三年一共18个本子,一个本子50页,每页约20行,总计大约有18000条账目,这工作量实在太大了。而屡屡看到那天书般的文字时,小帅都头疼不已,当他把看不懂的单据拿给老板看时,老板的那一句"忘了",让小帅忍不住想对着自己的人中猛掐,生怕背过气去。前前后后总共花了一周的时间,才统计出应收应付的基础数据。

其次是电商销售数据的导出。他了解到,老板通过自己、员工和亲戚朋友们的不同账号,在不同电商平台共开设了22个网店。为了核实线上的销售情况,小帅只能让老板一一登录,边下载数据,边现场核对。由于账户分散在13个人手中,来来回回耗费了5天才把电商的数据全数汇集起来。

当以上基础数据整理出来之后,小帅进行了总结:一是企业应付账款过多,约占销售收入的35%。若供应商压缩账期,企业则会面临现金流紧张的局面,甚至有无法立即偿还货款的风险;二是近几年企业销售稳定增长,有一定的利润空间;三是企业近3年的销售渠道逐渐往电商端转移,而线上交易需"现货现卖",因此现货库存量在不断增加,资金积压在布料及成品上,约占总资产的45%。

一通分析下来,最让小帅百思不得其解的是内衣企业的利润去向。根据企业在某电商平台的网店数据，销量最高的四款内裤单价分别为 5.5 元、5.8 元、13 元和 14.5 元。询问老板得知，售价为 5.5 元的常规内裤，成本约为 4.75 元，其中布身 2.4 元、工价 1.7 元、花边 0.45 元、布带 0.2 元，毛利率约 14%。而批发客户产品销售清单中销量较高的均价为 4.6 元，老板口述毛利率约在 12%~15%。

按照内衣企业近 3 年的销售均额在 1300 万元左右，以毛利率为 13% 推算，毛利润约为 170 万元，公司除去租金、运费、设计费等每年 50 多万元的固定支出，净利润约有 120 万元。这明显与公司账上的余额不符，这赚来的钱究竟去了哪里呢？还是说，老板有一些隐形支出没有披露，或是说实际利润并没有他说的那么高？

小帅希望通过各种数据去寻找其中的勾稽关系，可是冥思苦想了好几天，却始终找不到答案。可他又踌躇着不敢贸然去问企业老板，毕竟他们对小帅的这般"较真"很是不解，总觉得小帅是税务部门派去查账的"间谍"，每多问一句，老板就火大一次。小帅无奈，想着跟老板沟通比自己研究琢磨还累，他便反反复复地翻看着这段时间整理出来的数据。

（五）

小帅为了内衣公司的贷款担保项目，每日加班加点，转眼间已奋战了整整两周。然而，老陈接到了一通来自银行的电话，让项目又多了些变数……

电话那头传来内衣公司项目"牵线人"——银行客户经理阿金的声音，"老陈啊，客户那边急着用款，但是听说你们的同事小帅老是跟老板抠细节，现在两周过去了一个方案都拿不出来，老板抱怨说效率太低了，都不想找我们贷款了。老陈，我们已经合作这么久了，麻烦你跟我说实话，这笔业务你们是不是不想做了啊？能否换个利索点的对接人？"

"当然不是，这企业我是 A 角，情况我都了解，由于企业账目不规范，我们近期已经在加班加点统计了，希望大家都理解一下。"老陈挂掉电话，摘掉眼镜，揉了揉干涩的眼睛。从事担保行业这么久，他当然知道要急客户之所急，从接到企业需求的那一刻，他就要求自己和小帅一刻都不能懈怠。回想起刚才的电话内容，老陈想到了小帅：这小伙子相当勤奋朴实，不怕苦不怕累，对于交代的工作也没有半分怨言。而且从内衣企业财务极不规范的实际情况来看，也确实需要这么长时间的核查。看来这通电话，是有意针对小帅而来。老陈戴上眼镜，看到墙上贴着的"军令状"，怔怔地发了一会儿呆……脑海中浮现出在"冲刺动员会"上，部门全员上台接过总经理颁发的"军令状"时宣誓的场景。那时的他们整整齐齐地大声喊出："我做先锋我冲锋！我冲锋必成功！"在回想起那一刻所有成员们对使命必达的决心，老陈的内心激情澎湃，在纸上挥笔写道：

我是先锋须悟空，物我两忘一声冲。

为民服务在心中，何劳黑榜敲警钟？

此时已是晚上9点多，担保公司楼外繁星点点，办公室内却仍灯火通明，小帅坐在老陈办公室门口的卡座前，此时的他正对着电脑反反复复地检查着自己两个多星期以来的统计数据，而这些数据犹如一个巨大的黑洞，将小帅的思绪吸入其中。他看似在不停地思考，却没有一刻是在"真正地思考"。

"小帅，你过来一下。"师傅的一句话，如同强有力的魔法，将小帅从"数据黑洞"中拉出。小帅拿着笔记本走进了老陈的办公室。此时的他由于长时间盯着电脑，眼珠上布满了血丝，老陈看在眼里，并没有提到刚刚的那一通电话，而是笑了笑说："怎么还在加班？丁字裤的数据不都统计出来了吗，是撰写报告时遇到了什么问题吗？太累了就先回去休息吧。有时太过注意细节，会让自己陷进去……"

小帅听完后眼眶一湿，他被企业数据捆绑许久，无力挣脱，这让他感觉到窒息和无助。于是，小帅一五一十地把自己对项目的困惑说了出来……

认真倾听后，老陈说道："我们做担保业务时，一定要学会'抓大放小'，我看你一直在抠数据和材料的准确性。但我问你，最后经营数据少了几万，下游客户名字从'王海'变成了'李海'，会对整个项目有质的影响吗？还有，当你深陷于报表中时，一定记得停下来用常识去思考，社会上大部分的事件都不会偏离基本的逻辑和规律，当你找不到答案时，运用常识去考虑大概率事件就好了，借助我们感性的一面，提高工作的效率，也就有时间去帮助更多的企业。"

关于利润去向，老陈为小帅指出了最有可能的 3 种情况：

首先，企业可能在电销广告方面有所投入。如电销直通车。近年来线上销售稳步增长，企业可能在电销广告费方面有所投入，根据常识，现在各个网络平台的商品竞争日趋白热化，而为何一个刚刚起步的电商企业能在短时间内获得大量的流量和销量，这其中必有原因。

其次，企业在电商平台上可能存在与朋友合伙经营的情况。该企业在电商平台上经营的 22 个账户中，有 3 个属于同一个"朋友"，按照常理，一般的朋友是不会将账户借出去让他人经营的，而且在搜集电商平台数据时，很明显当搜集到那个老板所谓的"朋友"的账户资料时，其表现出了异常的烦躁与不配合，这其中可能另有隐情。

最后，老板的儿子近期结婚。这一点在老板儿子的微信朋友圈中可以看出，就在半年前他发了条新婚的动态。在潮汕地区，作为男方，结婚方面的开支还是比较大的，少则几十万元，多则几百万元。因此，企业的部分利润可能用在了儿子的婚礼上。

老陈的话让小帅醍醐灌顶，小帅不禁回想项目中的各种细节，似乎都能印证师傅的说法。老陈也知道，小帅这次遇到的企业是根"硬骨头"，既要做到明确证实，又要做到迂回委婉，这中间的度还真是不好把握。考虑到这个项目的时效性，他决定亲自去做后面的沟通取证工作，而小帅还是先在一旁多观察学习。

老陈亲自出马，以上的猜测都被证实了。此外，企业老板还透露一个新的信息，这几年企业购置了一批价值 60 多万元的新设备。考虑到这个项目底子较薄，资产积累少；老板父子俩文化水平不高，经营不规范；内衣行业竞争激烈，未来利润难以把握。老陈最后给出的方案是，拿新购进的设备作为抵押，担保额度 100 万元，期限三年。

老陈在报告撰写上是出了名的细致，他特意嘱咐小帅，可别轻视了评审报告，报告撰写时要用心细致，写报告的过程就是对整个尽职调查的梳理过程。千万别出现低级错误，不要给评委们留下不好的印象。

又经过了一夜奋战，小帅协助师傅终于完成了项目评审报告。

鸟欲高飞先展翅

（六）

　　每周三是担保公司例行召开评审会的日子，今天是小帅第一次作为项目B角参加评审会。他坐在老陈的旁边，紧张得手心都在冒汗。

　　评委们对项目提出的疑问犀利而又刁钻。而老陈似乎对这种情形已然司空见惯，对于每一个问题都应对自如。最终，他们的方案得到了评委们的一致认可。

　　当小帅走出会议室的大门时，他感觉仿佛卸掉了千斤重担。他毫不在乎周围的目光，向老陈振臂做出胜利的手势，内心涌动着前所未有的感慨。他边感慨着一个项目从零开始直至最终落地的艰辛历程，边怀着激动的心情，奔跑着前往银行，手里紧握着合同和放款通知书。

　　处理完银行事宜后，小帅回到了自己的工位，他静静地坐下，仔细地在心中回顾内衣公司项目的每一个细节。随后，他开始在键盘上迅速敲打总结：

1. 项目咨询。首次与企业接触时，要学会"暖场"和"控场"。第一印象在人际交往中有着举足轻重的地位，深刻影响着后续的交往，这同样适用于担保项目。因此，要学会在首次接触时，拉近彼此间的距离，同时在对话中控制好交流的主题。

2. 项目尽调。一是尽调模板需熟记于心，理解模板的架构和逻辑，并以此为指引进行调查，而不是做"材料和数据的搬运工"。二是尽调时要学会"抓大放小"。很多民营企业账务不规范，在调查中要学会抓住关键点，忽略一些无关紧要的小细节，这样才能事半功倍。三是多积累常识和经验，并通过常识去推测大概率事件。担保行业需要接触各行各业，项目经理除了专业知识过硬，还必须积累不同行业的经验以及各种生活常识，只有这样才能根据各种细节做出分析和判断。四是大胆存疑，小心取证。对于企业经营者透露的信息，以及现场看到的细节，要学会"存心眼"，做到反复取证、交叉验证，去伪存真。五是多走出去，适应不同老板的风格乃至各色方言。做项目会遇到不同性格、不同成长背景的老板，为了能与老板顺畅沟通，推进项目的进行，项目经理平时得多接触企业，培养自己的交际沟通能力。

3. 报告撰写和项目评审。撰写尽调报告时要用心细致，特别注意不要犯低级错误。另外，报告的逻辑结构要清晰，语句的表述要简洁准确，信息和数据要经得起推敲。评审会上汇报时要做到客观陈述，冷静应对，在有限的时间内通过干练而又全面的叙述将项目的真实内核呈现在评委面前。

4. 其他流程。项目经理是企业的贴心管家，要对担保项目的全流程负责，细心、耐心、周到地对待每一个流程环节。

元旦假期，因为回乡路途遥远，小帅选择留在本地跨年。跨年夜，小帅收到了内衣公司老板儿子发来的祝福短信，他为之前误解小帅表达了歉意，并对这笔贷款担保的成功落地表示衷心感谢。

夜深人静时，小帅回想着从毕业到入职发生的事情，感慨万千。而其中最有意义的，当数入职担保公司后跟随师傅老陈的所见、所感、所悟。

首次展翅，尽管飞得跌跌撞撞，但他比以往的任何一刻都更加接近碧海蓝天。

第二节　实战磨砺

一、假作真时真亦假，无为有处有还无

《劝世贤文》有言：书中有真就有假，世人认假不认真。假作真时真亦假，真作假时假也真。真真假假难分解，假者自假真自真。回忆世情般般假，借假修真破迷津。《红楼梦》太虚幻境中牌匾两侧的楹联为"假作真时真亦假，无为有处有还无"。这句话初读时，不明所以，像绕口令一般，彷佛充满着哲学性质的诡辩。真的就是真的，又怎会变成假的呢？随着小帅逐步接触更多的企业，他的担保之旅也陷入了重重迷雾。且看小帅如何随师傅习得拨云见日之术。

（一）

恰是北方冰雪消融之际，南方的春悄然唤醒万物，连空气中都溢满泥土的芬芳。从担保公司向外遥望，此处风景独好，一丝金灿灿的阳光瞬间点亮了海天相接处。小帅刚到公司就匆匆忙忙地打开窗户探出头去，生怕错过清晨的第一缕阳光。

"拉开窗帘，阳光有七种颜色，赤橙黄绿青蓝紫……"这篇某年的高考作文突然浮现在小帅脑海，当初还是孩童的小帅满脑子疑惑："这人莫非有孙悟空的火眼金睛不成？"如今跟随着师傅老陈闯荡担保行业后，他深受启发，深感这位作者可谓极致理性而又浪漫。这不就是担保项目经理应具备的修养：既能透过现象看本质，又能穿透本质看万象。

转眼间，小帅入职担保公司已3月有余，随着小帅的业务和交际能力不

断提升，老陈开始让小帅尝试着对接一些银行渠道。小帅不敢怠慢，每周定期前往银行拜访，了解银行的业务需求和政策变化，并介绍担保公司的金融产品。功夫不负有心人，这不，周一早上刚开完业务例会，就接到了银行经理阿金的来电："小帅，早上有空吗？我手头有个项目，老板是经营玩具的，主要产品为积木玩具，销往欧美等地，据说年销售规模很可观，现在需要一笔贷款，你今天方便去玩具公司和老板再深入交流一下吗？"

小帅的心怦怦直跳，每一次接到银行客户经理的电话，他都难掩兴奋，感觉如同"月老牵线"，要准备奔赴一场未知的"约会"，开启或浪漫甜蜜或惊心动魄的"爱情之旅"。"好的阿金总，麻烦您把地址和客户资料发我，我准备一下，这就出发。"小帅挂完电话，急急忙忙撸起袖子，开始今天的调研之旅。"这是我第一次担任模拟 A 角，听银行客户经理的介绍，以及目前能掌握到的资料，客户资质应该是不错的"，小帅的心情如同万里无云的晴空般明媚舒展。

（二）

与往常不同，这次是小帅驾车，老陈坐在副驾驶座上。小帅对滨海市外环道路还不太熟悉，老陈不敢让小帅分心，话不多说，安全第一，稳健前行，一路跟随着导航来到玩具公司。该公司位于一个生产玩具的工业聚集区，红色的建筑外观十分显眼，地理位置也得天独厚，位于宽阔的马路旁边，货车往来装载、卸货都十分方便。小帅和师傅到达时，正有几个工人在搬运一排排的大箱子，准备发货。与往常调研的企业不同，这些工人似乎知道今天会有重要的客人来，看到小帅和老陈，都停下来点头打招呼。小帅心里想着，这家企业文化真不错，工人都这么有礼貌。

小帅和老陈被前台引领进老板大强的办公室，只见办公室装修端庄古朴却不失童趣，映入眼帘的是一张深沉厚重的红木桌子，桌子上有序放着仿古形制的毛笔、砚台等，还有一只铜制的熏香炉，墙上挂着一些花鸟字画，显得格外典雅。办公室的另外一侧立着公司的玩具展架，上面摆满了各式各样、五颜六色的玩具模型，还别具匠心地用这些玩具拼出了公司的 LOGO 图案。玩具公司的老板大强看到小帅和老陈，立即起身微笑相迎。大强身材健硕，宽鼻阔目，目光凌厉，简直是"胸脯横阔，有万夫难敌之威风；语话轩昂，吐千丈凌云之志气"，而眉眼间岁月带来的沧桑，更给人一种阅历丰富的感觉。

"我是老陈，这位是小帅，我们是担保公司的项目经理，这次主要由小帅和您这边进行对接"，老陈示意小帅坐在离老板近一点的位置，自己坐在小帅旁边，既不喧宾夺主，又能做小帅坚强的后盾。小帅经过三个月的锻炼，在尽职调查方面已经积累了一些心得。交谈中，小帅发现大强对企业的产品如数家珍，对设计思路、销售品类和客群特点都十分了解，当被询问到企业近两年的销售规模和利润情况时，大强也似乎早有准备，毫不迟疑地回答，小帅自然也对大强建立了务实勤劳的初印象。

出发前，老陈和小帅"约法三章"，为帮助小帅尽快成长为合格的项目经理，本次调研小帅主导，师傅不到不得已的紧要关头绝不出手。小帅见师傅没有作声，也没有多想，在大强的热情带领下前去参观厂房。

玩具如同孩子们的天使，给孩子带来乐趣和快乐，但是首次接触玩具生产过程的小帅却感觉到了巨大的反差。工人们来回忙碌，孩子们心爱的玩具此刻只是一个个小小的看不出真正用途的零件。夕阳透过工厂窗户，一排排的设备投下长长的影子，周围到处是滚动的传送带、轰鸣的机器，嘈杂的声音回荡在厂房内，脚下的土地都因受惊而震颤。

夹杂着嘈杂的声响，大强开始提高音量介绍产品和企业："现在厂子里用的基本上都是机器，员工们各司其职，不会像手工流水线一样速度慢且出错率高。而这次贷款主要是打算在附近购买一块土地，再建一个厂房和仓库，以后更多地销往美国、欧洲。这块地最近很多人想买，所以得麻烦两位，看这笔贷款能否尽早批下来，我们也好扩大生产。"大强态度诚恳，眼里流露出期待，而工人们看见大强一行人亲自视察车间，也都干劲十足，还不时向这两位客人点头。

小帅看着这满满的开工景象，一批批崭新且价值较高的通用款机器，以及大强干事创业的热情和公司浓厚的企业文化，不禁有些窃喜："天助我也，第一次担任模拟 A 角就接触到了如此优质的项目，想来调研过程应该也是相当顺利，眼看离成功不远了。"他随即向大强提出，看下企业的财务数据，大强也毫不含糊，十分配合，让工作人员登录财务系统，并对小帅说："需要的话就拷贝去，只要能对这次贷款有帮助。"小帅心里一阵感激，这家企业不仅记账规范，还能如此配合，和之前遇到的内衣企业简直是天壤之别！小帅暗下决心，这次的项目一定要提高效率，尽快给大强一个答复。他内心也因为能帮助到企业，而油然生出一种强烈的使命感。

在临走前，大强还拿出了早已准备好的茅台和香烟送给小帅和师傅，"你们一定要拿，这是一点心意，这次贷款就麻烦你们二位了"。大强在小帅开车之际，硬是将礼物放到了后备箱里，小帅被大强这突然的一招，惊讶的不知如何是好，因为从入公司的那一刻起，"廉洁"这一条铁律就已经刻入每一位项目经理的心中，这是作为国企从业人员的要求，更是担保项目经理的自我素质和永葆事业长青的基石。而师傅似乎已见惯了这种场面，他见推辞无效，只能上车和大强挥手道别，小帅心里纳闷，但还是开了车。到了园区出口的保安亭，老陈让小帅停下，嘱咐小帅把礼物拿给保安，并让保安把礼物还给大强，同时让小帅拍照发给大强，说心意领了，这次的项目一定会尽快上会，请他放心。小帅按照师傅的交代做完，心里突然感觉到无比的踏实和快乐，还想着，今天师傅又教了我重要的一课，如何委婉又得体地拒绝客户的送礼。

（三）

当天回到单位，小帅便马不停蹄地开始撰写评审报告，此时的他，全神贯注，将自己所掌握的一切，一字一句重新梳理和呈现。他喜欢这样静谧又心无旁骛的时光，在时光飞逝中，不断积蓄力量成长。

海阔天空任鸟飞，老陈不断鼓励小帅独立完成项目实操，并且"在战争中学习战争"，而他只做小帅迷航中的灯塔，为他指点迷津，明确方向，突出重围，并定期关心项目进展情况。经过两天的奋战，小帅自信满满地向老陈汇报战斗成果：根据企业导出的财务数据，该企业账目清晰，目前经营正常，下游客户回款良好，销售稳步增长且产品种类丰富。

"可是，这两年玩具外贸出口行业处于寒冬时期，大强为什么还要专攻海外市场？虽然企业财务数据显示销售增长，但是在贸易战影响下，同行业的销路并不通畅。而且企业近年来购买了多台设备，会不会负债太多？"听完小帅的汇报，老陈皱了皱眉头，显然师傅已经察觉出不妥。

从企业回来的那一程路上，与春风得意的小帅不同，师傅在车上一直眉头紧锁，从事担保这一行近 10 年了，他接触了成百上千家企业，在接触企业时，他总会有强烈的第六感，比如有的企业各方面看似很完美，可第一次尽调就会隐隐感觉到不踏实，而这种不踏实，在之后的一步步深入调研后，竟都被一一证实。这也是他能做到"常在河边走，也能不湿鞋"的秘诀——入职 10 年在业绩始终名列前茅的同时，还能保持"零代偿率"。

所谓当局者迷，旁观者清。小帅被老陈这一点拨，意识到自己又陷入了表面经营数据的陷阱，未从多维度评判项目，他随即联系了银行的客户经理阿金，让他发来企业和大强夫妇的征信报告。通过征信报告核查，企业和实控人名下的负债并不多，仅有几笔正常付款且即将到期的设备抵押贷款。再通过企业转发过来的现金流账目，核查到其名下存款余额还是较为充足的。负债低、经营情况良好、资金充足、贷款用途明确，小帅这么一梳理，想着师傅的担心或许是多余的，企业的数据完全可以支撑此次项目贷款。

此时，大强又打电话来询问项目情况，那天从企业回来，小帅每天至少会接到两次来自大强的"电话问候"。小帅也隐隐觉得，这个公司的资金是不是真的如师傅所担忧的，已经很紧张了呢？但他一心想着担任项目的模拟 A 角来"挑大梁"，于是便全身心投入项目评审的准备中去，不做他想。

（四）

转眼间到了上会的日子，小帅虽做了充实的准备，事先预演了评审会上各种可能遇到的问题，可这次是自己第一次模拟 A 角"挑大梁"，平日里和蔼可亲的评委们也变得一脸严肃，小帅内心无比紧张和局促，老陈依旧默不作声，只是安静地坐在小帅身旁，眼光坚定而凌厉。

小帅深吸一口气，尽管内心紧张，但还是客观、全面地阐述了调研报告。随后，评委们对此项目提出了有关销售规模、存货积压、回款情况等问题，小帅也一一作答，眼看胜利在望。

"收入上升为什么成本没有上升？特别是电费，这两年反而下降了，这有点不合常理。"这时，评委突然提问。小帅上会前只顾着将数据填写进去，并未细想这些数据内在的勾稽关系,一时间不知如何回答。另一位评委继续追问:"近期美国的贸易封锁政策,使国内玩具对外出口总体呈现下滑趋势,这家企业是有什么特别的地方,可以让他的销量逆势增长?请你解释一下。""你有无核实工资发放情况?""虽然企业近年设备投入较大,但和多年所呈现的利润相比还是不值一提,企业和实控人并没有什么实际资产的积累,所以除了投入机器,近几年赚来的钱实际花去哪了?""贷款的真正用途是什么,有没有进一步去核实?"接下来是评委发问环节⋯⋯小帅被连番炮轰,脑袋嗡嗡作响,开始语无伦次。最后,以评委会主任的一句"建议进一步补充调研后再重新上会"结束了本项目的评审。

小帅看了一眼旁边的老陈,他依旧默不作声,甚至在评委们发问时,还不时点头,似乎此时的师傅也是评委之一,他们所问的问题,也正是师傅想了解的。小帅内心突然跌落到了谷底,原来所谓的"挑大梁",是师傅隐退幕后,把他推向战场,在战争中面对真正的枪林弹雨。而这一切,老陈其实早已预知,他也有意让小帅自己亲身去体会评委们问题的犀利和看待问题的角度。

问题到底出在了哪里?这些数据看上去都如此完美,企业现场也开机率满满,企业老板也态度诚恳和谦和,整个企业运作井然有序,员工的精神面貌也很好,这样的项目上会,怎么还有那么多问题会被揪出来呢?

这天夜里,小帅辗转难眠⋯⋯

(五)

老陈似乎和小帅心有灵犀,第二天天蒙蒙亮,小帅就在担保公司门口撞见师傅,显然,老陈是在等小帅。"师傅,您今天有空吗?要不我们再去大强那坐坐,我现在就给他打个电话""别打电话,直接过去。"师傅阻止了小帅正要拨出去的电话。

与之前去企业的时间一样,依旧是工作日的早晨。然而,当小帅与师傅来到企业时,他们没有见到穿梭忙碌的工人,也没听到轰鸣的机器声,整个企业显得安静而诡异,室内的灯光也没有完全打开,尽管阳光依旧透过窗户照在一排排机器上,仍不足以冲散室内的昏暗。

"上次来，企业不都是全部开机，拉满的状态吗？怎么这次……就只有一台机子在运作？还有，那些有礼貌的工人怎么都不见了呢，只剩稀稀疏疏几个人？"小帅心中忐忑，不祥的预感扑面而来。

这一次与企业老板会面的地方，不再是之前那个气派古朴的办公室，而是一个昏暗陈旧的小阁楼，里面放着一个发着霉味的床铺，桌子上、地上四处可见烟尾和烟屑，大强也不再容光焕发、衣服整洁，而是神情疲惫、邋遢不堪，可是见到小帅和师傅，大强还是笑脸相迎，但笑容间显出一丝尴尬和紧张："你们来也不提前打个电话，我这都没好好准备准备，实在是不好意思，最近总有些人找上门，我只能将就在这里休息和办公……"说着，大强似乎突然意识到自己说错了什么，马上停下，观察着他俩的反应，师傅还是微笑着默不作声，大强稍稍松了口气，接着又笑着问："请问，我们的贷款是批出来了么？""哦，我们正好在附近，想过来找您喝喝茶，所以没有提前打电话。"师傅随即补充，"我们还没上会，这次来，也是有些问题想要补充调研一下，这样有利于我们在评审会上说得更翔实一些"。小帅心里想，师傅真不愧是"老江湖"，这种"善意的谎言"都不用打草稿的，简直是信手拈来。

"还有什么问题您尽管说，我这边绝对配合"，大强依旧如第一次见面时那样，非常"支持"项目经理们的工作。

"那可否请您再带我们到生产车间转转？"老陈问。大强面露难色，但显然这时如果拒绝，有欲盖弥彰之嫌，"当然可以，当然可以。"随后便让老陈和小帅稍坐等待片刻，自己走出了办公室。老陈示意小帅，"我们别等了，先自己下去转转吧"。

五分钟已过，大强还未现身，这时车间迎面走过一位工人，小帅连忙走上前询问："师傅您好，请问你们今天是休息吗？我看怎么都没开工呢？"小帅故作镇定，微笑着问眼前的工人，工人上下打量了下他们，开口说："放假！呵呵，没钱发就放假咯，都4个月不发工资了，我们也得生活的。我这是来讨薪的。"工人的一阵冷笑，让这春意融融的天气瞬间变得不再怡人和温暖，"你们也是来追债的吧？大强今天也不知在不在，我也是来碰碰运气。"小帅不知如何回答，便也点了点头，"可是我前几天来，工人很多呀？"小帅不解地问，"呵呵，那都是听了大强的鬼话，说那天大家务必到齐，要表现好些，说是银行的人来看企业经营，做得好我们就有工资发。不过那天确实补回我们一些钱。可是他承诺这几天就把剩余的工资给我们补齐，这都好几天了，他都没一个准话。这不，银行的人一走，大家也都去找别的地方干活了，派我来做代表，看我们的工资什么时候能到位。"

小帅心里凉了半截，老陈推了推他，使了个眼色，小帅这才收起惊讶又失望的表情，谢过工人后，同师傅一起往办公区域走去。刚进门，就看到有个年轻的小伙子，正带着大大的耳机坐在电脑前，摇头晃脑地 P 图，小帅仔细一看，那不是银行流水资料吗？师傅看到后，便低声问小帅："你那天拿到的银行流水，有没有现场导出？""师傅，没有……是我让企业发来的……"这时小伙子扭头看了看他们，由于一直戴着耳机听音乐，他这才发觉有人走进办公室，小伙子警觉地关闭了屏幕，起身问："请问你们找谁？""我们是担保公司的"，师傅不紧不慢地回答道。"你们稍等一下"。

这时，大强急急忙忙赶了过来，"原来你们在这啊，真不好意思，刚有个重要文件要签，我不得不过去一趟"。

由于到企业实地调研前后的反差太大，小帅一直处于独自懵懂和精神游离的状态，他有太多问题想问，但一时间又不知怎么开口。老陈坚定而凌厉的眼光看向他时，他恍然大悟，开始梳理自己的思路："大强，我看今天企业怎么都没有开工呢？"小帅问了第一个问题，"哦，最近货都发出去了，想着给员工们放假。"大强眼神闪躲，不自然地说道。小帅想起那位工人的话，再加上此时大强的神情，他再次感到失望，心里想着，如果大强确实遇到什么资金上的问题，他一定会尽自己所能去帮他，可如果他满嘴谎言，那这个项目真的是没办法继续下去了……

但是怎么讲他也是个职业的项目经理，万不可感情用事，于是追问了第二个问题："大强，我看你们这几年的利润都还是很可观的，除了投入新设备，还有投入其他什么吗？"大强似乎没料到小帅会问这个问题，想了会儿说道："哦，对，是的，那个，嗯，我们这几年投入新品的研发，研发上花了挺多钱。""那我们研发人员有多少呢，大概一个月的工资又是多少呢？"小帅继续追问。"哦，这个啊，有四五人，哦哦，不对，是几十人，工资啊，那就多了，一个月好几十万元呢!"大强说完,赶紧用笑容掩饰自己回答时的局促和含糊……

"那平时怎么发工资的呢,我们想核实一下工资的转账记录。"小帅一鼓作气,开始"打破砂锅问到底"。"这个嘛,我们发工资基本都是微信转账,不过我手机记录都没有了,最近刚换了新手机。""没事,您打开微信我看一下就行。"小帅心里早就猜出大强会出这一招,可是微信的支付记录,是不会因为手机更换而丢失的,这点他通过近期的业务实践,已了然于胸。

大强无奈,只能将手机递给了小帅,小帅将大强的微信支付记录转发到自己的邮箱,同时,也让大强在现场导出银行的记录,也一并转发至小帅的邮箱。

此时,一向满脸笑容的大强,开始表现出不悦,可小帅这还没完,又对大强说:"上次我们导出的财务数据,我看还少了一些账目,这次可能还得麻烦您重新导一下。"大强没说话,起身走向电脑旁,他打开已经登录的财务系统,然后点了"退出",再用另一个账号重新登录进去。这个操作被师傅和小帅都看到了,一直没说话的老陈忍不住了,开口问:"怎么你们这还两个账号?""哦,这两个账号都是一样的,数据都一样。"大强急忙解释道,他没想到,这个不经意的动作已经被看到。

"那如果一样,麻烦还是登录刚刚那个账号吧。"老陈说道,态度坚决。这么简单的一句话,犹如迷雾中的一丝微光,让小帅瞬间有了希望和底气,感觉离真相又近了一步。

"对,是的,我们要看下刚刚那个账号。"小帅紧跟着师傅说。

大强重重叹了口气,很不情愿地登录了原先的账号,留有小帅在那里翻着数据。这期间,大强不时接到电话,可是大强都回复:"和他们说我不在,最近都去出差了……"

一上午的时间就这么不知不觉地过去了,师傅看着小帅把数据导出完毕,问题也核实得差不多了,便准备起身回去,大强还是客气地把他们送至楼梯口。这时候,从楼梯走进一个中年男子,师傅看了一眼,没有说话,小帅也没多想,和师傅一起回了公司。

（六）

车窗外依旧阳光明媚，道路两边的树枝上长出一颗颗嫩绿的新芽，一阵春风吹过，它们如同美丽的少女，对着他们摇曳舞蹈。然而，车上的师徒二人却都还沉浸在刚刚所发生的一切中，没有注意此时窗外的春华灿烂、鸟语花香。

还是师傅打破了此时的宁静："你知道我们刚刚在楼梯口遇到的那个男的是谁吗？"小帅摇了摇头，在他看来，这个中年男人没有什么特别，除了脖子上有条粗粗的金项链，"这人我在某个场合遇到过，他是放高利贷的，那些资金紧张的老板就是他的客户，听说从他那里借钱，利率比银行高出几倍。"说完师傅轻轻叹了口气……

回到公司，小帅重新整理了一下新导出的银行流水和企业经营数据，发现了以下信息：他们之前拿到的银行流水是假的；他们之前拿到的企业经营数据也是假的，该企业有两个财务账号，第一次拿到的是重新做的数据，真正的数据也是第二次老板给他们看到的那份；微信的流水证实了工人所说，该企业已存在欠薪行为，从半年前起，工资就没有正常按月发放，而且在他们第一次去调研那天后，确实为各个工人发放了部分欠薪工资；此外，从真实的银行流水明细也能看出，大强有私人借贷行为，且利率极高。

按照公司的规定，一旦发现企业提供的是"假数据"，那这个项目是绝对不能上会的，还会被列入"企业黑名单"。但是，这个企业为什么会是这样的结局，小帅想起初次见面时大强的诚恳，想起他办公室的古朴气派，想起一排排崭新的机器，想起展示柜上那些制作精美的玩具……

小帅不解，他知道深究下去也于事无补，可他最终还是拨通了大强的电话。电话才刚响，对方就接了，似乎大强一直在期待着小帅电话的到来，他急切地问小帅，是不是贷款方案通过了，还说额度多少不重要，有多少是多少，只要能帮他们渡过难关。小帅不忍心再听下去，打断大强："您一开始不是说，贷款是为了买土地吗？怎么现在又说是'渡难关'呢？大强，您还有多少事情隐瞒我们？"电话那头一阵沉默。

小帅接着说:"其实如果你们从一开始就跟我们说出实情,我们会尽可能帮助你们,可如果你们提供的都是假数据、假情况,我们核实不到真实情况,那也没办法帮你们了。"听完小帅说完,大强只能说出实情……

该企业已经经营了15年,大强在这15年里,一直勤勤恳恳地操持着这份产业,在他的努力下,经营规模不断扩大,产品也远销多个国家,然而,当他满怀信心,投入一批全新的设备准备进一步提升产能和质量时,内需下降了……他的生产受到了很大的打击,出口也由于个别国家的贸易壁垒而受限,而为了能够"挺过去",他决定投资当时最"热门"的产业。为此,他几乎孤注一掷,卖掉了所有的资产,拿出了所有的积蓄,跑遍了各种关系,成功拿到了某企业的股份,但所投企业的经营也在这段时间内不温不火,他前后投入的800多万元没有看到任何收益。而当他准备重新开启玩具生产时,又恰逢原料上涨,工人难找。为了能够继续经营下去,他开始不停地贷款,而前期由于变卖了资产,他只能去申请高利息的"信用贷款"和民间借贷。这如同一个个连环套,把他一步步推向深渊。当他反悔时,已再无回去的路……

(七)

挂了电话,小帅怔怔地望向窗外,心情久久不能平静。大强说的确有让人同情的地方,创业并非易事,守业更难,服务企业发展,帮助企业解决融资难问题,是担保公司的使命。但并不是要去帮助企业掩饰"真相",通过粉饰太平获取资金,而是要引导企业树立诚信经营的理念,从而帮助企业实现规范健康的可持续发展,这样才有利于地方实体经济的稳健安全发展。

这是一次跌宕起伏却最后以"失败"告终的模拟A角惨痛经历。小帅内心五味杂陈,但是他始终牢记师傅对他的殷殷嘱托:"做一名职业的担保选手",他迅速翻开笔记本,开始复盘这一次项目经历。

1. 尊重客观,勾稽核实。项目调研过程中不可以想当然,要尊重客观事实,在调研时要对客观数据、信息和资料进行反复核查和比对,确保各项客观信息的可靠性和准确性。

假作真时真亦假，
无为有处有还无

2. 大胆假设，小心求证。应通过多种方法来交叉验证数据准确性和可靠性。尤其涉及调研过程当中的疑点难点，应该给予重点关注，不可放过任何的蛛丝马迹。例如涉及关联企业的交易问题，为了避免虚增销售，除了销售合同，可以与库存交叉验证，如果销售额与库存数据不匹配，可能意味着库存数据记录不准确或者销售数据存在问题；也与收款记录交叉验证，通过银行流水等匹配销售情况和进一步核实客户付款情况；还可以将销售额与同市场销售额与市场潜力交叉验证。

3. 理性分析，旁观者清。项目调研始终都要采用第三人视角，保持中立态度，对于调研过程当中突发的各种问题和现象，都不可随意带入个人情绪，不能仅凭一时的感觉或轻信企业的口头承诺，避免被"真相"带偏。

总之，企业调研过程具有复杂性和不确定性，需要从多个渠道获取大量的数据和信息，包括市场数据、竞争对手信息、消费对象等，而这些数据可能泥沙俱下，需要项目经理去伪存真。在分析的过程中，要考虑全面，小心求证。从大量的企业信息中进行整理、分析和挖掘，从中洞察有价值的信息。

项目经理为确保调研的准确性和有效性，要练就"火眼金睛"，既需要现场调查采访、深入交流，又需要利用多方数据进行交叉验证。此外，还需要善于借用网络、银行、法院等平台，还原企业最真实的面貌。

今日是农历十六，一轮满月高挂枝头，小帅看着月光笼罩下的静谧的滨海市，心里暗暗忖度：月光又有几种颜色？

二、远山初见疑无路，曲径徐行渐有村

苏东坡在《晁错论》中评述道："古之立大事者，不惟有超世之才，亦必有坚忍不拔之志。"想要取得项目成功，不仅仅需要扎实的功底，更需要"咬定青山不放松"的意志力。小帅在担保业务中不知多少次山重水复，多少次辗转难眠，对企业千淘万漉，对报告千磨万击，最终他能否通过坚持不懈而至柳暗花明、玉汝于成之境呢？

（一）

一晃眼，小帅只身一人从北方来到南方闯荡，并一头扎进担保公司已接近半年。这半年时间，如白驹过隙，每天都过得充实而有意义，"在奋斗的岁月里，对得起每一寸时光"，每天从清晨到黑夜，小帅都时刻提醒着自己，要不忘初心，稳扎稳打，一步一个脚印去提升自己。这半年时间里，在师傅的指导下，他认真地完成任务、参加各种新员工培训和考试、完成新人行业研究……

今天，他终于接到了人事部的通知："小帅，今天有时间去就去找一下人事部门，完成最后的转正前谈话。"小帅内心忐忑又激动，回想这半年时间的成长，他有因合同做错与企业重签5次的经历，有因出现错别字而在评审会上被评委直接指出的尴尬，有被推选代表部门去参加公司演讲比赛而紧张到在台上忘词的局促，也有总经理在新人培训时，点名让他回答问题却一时想不出答案的窘迫。当然，还有部长的一次次促膝谈话，同事们的一次次友爱互助和携手成长……点点滴滴的经历，暖心也好、窘迫也罢，交织重组，成为小帅在担保之旅上迈出的一个个坚实脚步。此刻他再回首，惊喜地发现，正如担保公司对每个员工所期望的，他的能力变得更加综合和全面。他不再是那个羞涩腼腆的应届毕业生，而是在各种场合越加游刃有余的职业担保人。他心里也不再装着被领导批评就一蹶不振的"玻璃心"，而是更加珍惜领导们的"严管厚爱"，他学会了不断复盘、总结和提升。他做事也不再毛毛躁躁，

而是更加严谨和专注，他还将研究生时期的学习习惯用在了工作上，给自己建立了一个《错误笔记》，把每一次出错都记在里边，提醒自己同样的错误不能再犯第二遍……

小帅拿起本子，来到洽谈室门口，激动地轻叩了两下大门。

人事分管领导刘总日理万机，但是对于每一位员工，他都会倾心关注，不仅关心他们平时的工作，也关心他们日常的生活和个人的成长，这让身处异乡的小帅感觉到了亲人般的温暖。刘总开口说话："小帅，你来咱们担保公司多久了？""半年了，刘总"，小帅回答。他注意到刘总桌子上、书架上摆了各种书籍，听说刘总每年要看很多书，而且鼓励大家多读书："我们担保行业每天要接触各种各样的行业，要学会通过书本去武装自己的头脑，这样才能不断储备信息和知识。"

"半年的时间也不短了，谈谈这半年时间做业务，你感触最多的是什么？"刘总微笑着问他，这让有些紧张的小帅，内心渐渐平静了下来，他想到刘总也爱看书，马上想起了最近在脑海中不断浮现的书中的一句话，他随即脱口而出："假作真时真亦假，无为有处有还无。""这不是《红楼梦》中太虚幻境牌匾上的那副对联吗？"刘总有些诧异，接着问，"那小帅你谈谈，为什么会有这样的感触呢？"

"刘总，在做业务时，我发现企业有时候会'以假乱真'和'无中生有'"，小帅停了一下，看到刘总正认真地看着他，等待他往下说，这让他继续鼓足勇气说下去，"我们在面对企业时，有时会被其'真真假假'所迷惑，特别是像我这种没有太多工作经验的新员工，时常要'借假修真破迷津'，就像数学的反证法一样，有时得先假设他是真的，然后用这个假设证明出来他是错的，最后推出正确的答案。"

刘总认真地听着，流露出欣慰的笑容："老陈带的这小伙子有意思！"

时间过得飞快，那天小帅在刘总办公室谈了一个半小时，将这半年来自己的所思所感都借着这个机会说了出来。在他看来，那次经历不像是被"面谈"，更像是公司"传帮带"的进一步延伸，他面对的不是别人看来高高在上的领导，而是陪伴自己成长的导师和学长。

为什么当刘总问到小帅感触时，小帅会不假思索地说出如绕口令一般，充满着哲学性质诡辩的一段话呢？原来，上次那场"波澜曲折"的项目经历给小帅上了担保之旅上意义非凡的一课。自此，小帅也从师傅老陈的"小跟班"荣升为"事业伙伴"。那么，那场项目经历究竟是如何"波澜曲折"呢？且听在下细细道来。

（二）

站在繁忙的印染园区门口，眼前是一栋栋高耸入云的厂房大楼。阳光透过轻微的霾气，斑驳地照在这些钢铁巨人上，反射出耀眼的光芒。园区内的道路被整齐的绿化带分割，一辆辆满载着五彩斑斓布匹的大卡车在这些道路上穿梭，引擎轰鸣声在空气中回荡，像是在展示着园区不息的劳动与进步。

周围的空气中弥漫着轻微的化学气味，这是印染工艺特有的标志。园区里，工人们穿梭在机器和布料堆之间，他们的面庞上写满了专注。这里的每个角落，都在以自己的方式，展示着印染行业的繁忙与充实。

小帅旁边的同事 B 角，眼睛紧紧盯着这络绎不绝的景象，不禁发出感慨："自从印染行业齐聚入园后，这里真是变得既规范又整洁。看这运货的车辆，一辆接一辆，最近的印染行业市场行情看来不错啊。"

小帅望着那些忙碌的身影，心想，每一个工人的汗水，每一卷精美的布匹，都是这个行业辛勤劳动的见证。他回应道："是啊，这里的繁忙是市场繁荣的最好证明。"作为担保项目经理的自豪感和责任感油然而生。

说完，他加快了步伐，朝着园区内的 C 栋大楼走去。他们的脚步声在宽阔的水泥地面上回响，和远处机器的轰鸣声交织在一起，融入了园区特有的旋律。

上了三楼的小帅，目光扫过宽敞的厂房，这里的景象与他的预期大相径庭。厂房内部被明亮的荧光灯充分照亮，干净整洁的地面上只有零散分布的几名工人在安静地忙碌着，与他之前所见的繁忙厂房形成鲜明对比。这里没有轰鸣的机器声，没有忙碌的身影，这种静谧的氛围让小帅心中泛起一丝疑惑。

走进企业老板冉掌柜的办公室时，小帅被一阵热情的招呼声迎接。办公室布置得简洁而有品位，一面大窗户外是园区的全景，阳光透过窗户洒在整洁的书桌上。老板身材魁梧，笑容可掬。他的手掌宽大而温暖，与小帅热情握手。老板的笑容中透露出一种自信和从容。这使小帅不自觉地被他的魅力所吸引。

"小帅，欢迎来到我们染厂。是不是跟之前预想的有些不一样？"领着小帅坐下，老板开始介绍公司的情况，他的声音沉稳，每一句话都充满了对未来的期待。

原来这家染厂是上个月才迁入园区的新成员，设备也刚刚到位，目前正处于招聘和调试阶段，小帅在心里对这家刚起步的染厂充满了好奇和期待。

"我们的设备可不一般，"老板继续说道，"这些都与其他印染厂的印染设备不同，它能够在生产过程中高效回收热能，大幅降低能耗，完全符合国家的'双碳'政策。而节能减排的理念也是园区未来发展的方向，我们比园区其他染厂布局得更早一些，发展起来也比其他染厂更快一些，希望未来能成为园区的标杆企业。"

随后，冉掌柜带着小帅参观了先进的设备。这些设备闪烁着金属光泽，显得非常现代化和高端。老板一边走一边为小帅详细解释设备的特点和优势，设备如何精准控制染色过程，如何实现节能减排，以及如何通过自动化系统提高生产效率。小帅对这些技术感到震撼，这与小帅之前接触过的染厂设备完全不同，他从未想过染厂的设备可以如此先进。

小帅在参观完厂房后，对冉掌柜的经营理念和企业未来的发展充满信心，开始向老板收集资料，可由于企业刚刚成立，能够采集到的有效资料少之又少，银行账户也是上个月成立时刚刚开设，经营方面，目前企业还在设备的测试阶段，仅有些试染的订单，并没有充足的经营数据，这可愁坏了小帅。

（三）

离开染厂时，小帅的脑海中盘旋着诸多问题。在他的眼前，厂房的高大身影渐渐远去，但留在心头的是对染厂项目操作的种种疑惑和思考。走在回程的路上，他的脚步显得有些沉重。在办公室里，他苦恼地低头思考，脑海中不断回想着与老板的对话，试图在其中找到解决问题的线索。但面对一个刚起步、未来有太多不确定性的项目，小帅感到了前所未有的挑战。

"没有历史财务数据，银行账户也是新开的，这个项目究竟该如何进行？"小帅喃喃自语，眉头紧锁。他知道，作为一名负责任的项目经理，找到解决方案是他的职责所在，但这个问题似乎没有简单的答案。

自从有了上次的惨痛教训，小帅考虑问题时更加全面，他将企业关联的人、事、物都一一盘点了一遍，"企业是不是还有其他的股东？"突然，他想起了冉掌柜在谈话中提及的合伙人彪哥。或许这位神秘的彪哥，能为他提供这个项目的关键信息。他的心中燃起了一丝希望。

他立即拿起电话，给冉掌柜打了个电话。电话那头，冉掌柜的声音依然洋溢着热情："小帅，有什么新的想法吗？"小帅简明扼要地表达了自己的想法，希望能再次见面，并特别提出希望能与彪哥交谈。冉掌柜在电话中沉思了一会儿，随后同意了小帅的请求。他告诉小帅，彪哥是个非常有经验的业内人士，对印染行业有着深刻的见解和丰富的资源。

一周后，小帅再次踏入染厂。这一次，他的心情与之前大不相同。他感到自己处于山阴道间，前方太阳透过树荫照射下来，看不见前路，但似乎又充满着希望。

又一次来到冉掌柜的办公室后，小帅开门见山地告诉冉掌柜，染厂由于刚刚成立，缺乏经营数据，在项目操作上有难度。正当两人讨论着项目的特殊性和可能的解决方案时，门外突然传来了脚步。那声音渐渐靠近，最终停在了门前。小帅不禁转头看向门口，只见一位穿着职业装的男士走了进来。他的气场强大，自信满满，一双犀利的眼睛仿佛能洞悉一切。

冉掌柜站起身，面带微笑地介绍道："小帅，这就是我们的合伙人彪哥。"

彪哥走上前来，与小帅握手，这个简短的握手传递出强烈的信号，彪哥是一个果断而坚决的人，不容忽视。"你好，小帅，我是染厂的合伙人彪哥。"他的声音冷静而自信，透露着一种不可忽视的权威。

小帅不禁生出一丝敬意。他开始向彪哥详细阐述担保项目操作面临的挑战，彪哥专注地听着，微微皱起眉头。他的问题精确而有深度，三言两语就了解了项目的情况，这让小帅不禁对彪哥刮目相看。而在交谈中，小帅也逐渐了解到，彪哥不仅是染厂的合伙人，还多年在当地经营着一家织布厂，在织布领域有着多年的经验。彪哥的织布厂或许是项目成功操作的关键所在，小帅开始思考如何将织布厂的经营融入项目中，以提高项目的可操作性。

"彪哥，如果织布厂能够为染厂的贷款提供担保，我们以织布厂作为背景企业，调研织布厂的经营情况，来弥补染厂缺乏财务数据的问题，这笔贷款担保获批的概率更大。"小帅提出了建议。

彪哥陷入了深思。他的眼神流露出一丝犹豫，然后点头表示愿意考虑这个提议。但他也提出自身的一些顾虑，如织布厂的数据是否会有泄露风险。小帅明确表示作为一家担保公司，对客户隐私的保护是项目经理职业操守的第一守则，并且公司成立至今从未出现过泄露客户隐私数据的事情，希望彪哥放心。彪哥听完小帅的回答后仍然表示需要一些时间来充分评估风险，之后再给小帅答复。小帅感到胸中既忐忑又涌起一股希望。如果彪哥愿意配合，这可能是项目成功的关键所在。

几天后，在小帅苦苦等待彪哥的答复时，一通电话打破了沉静的午后。彪哥同意了小帅的建议，邀请小帅前来参观并调研他经营的织布厂。这个邀请让小帅兴奋不已，他迅速准备好行装，怀着对项目的信心和期望，前往织布厂。

小帅刚到织布厂便被厂房内机器的齿轮声和工人们的默契合作所震撼。彪哥带领小帅穿梭在厂房中，详细地向小帅介绍了织布过程的每一个细节，展示了他们在质量控制和生产效率方面的卓越表现。小帅一边参观一边记录下生产过程中的每一项数据，每一个结果。同时，小帅与彪哥也进行了深入的交流，了解到他经营织布厂这么多年所面临的各种挑战以及应对策略。经过此次深入的交流，小帅对彪哥的经营谋略刮目相看，也对项目的可行性和成功充满了信心。

在结束参观后，小帅心中充满了使命感和紧迫感。他开始了全面而细致的调研工作，对织布厂的经营情况进行了深入了解。织布厂经营多年，财务数据记录规范，这无疑给小帅的调研工作减轻了许多负担，小帅不禁感叹：财务数据记录得这么规范的企业在滨海市可真不常见啊。虽然企业财务数据规范，但对于数据的核实小帅不敢有丝毫怠慢。小帅先是让财务总监调出了企业近3年的财务报表，每一份财务报表都被小帅仔细地审阅，他的目光聚焦在数字和数据上，从成品出库、坯布入库数量、用电量对销售规模进行交叉验证，通过对账单和发货单据对销售数据进行核实。对于资产端的货币资金、存货、应收账款、固定资产的明细一一核对，小帅现场导出企业的银行流水核实货币资金，对系统记录的存货数量与现场存货情况进行核对，将固定资产的合同与生产现场的设备一一对应。他的脑海里一直在飞速运转，分析着染厂的财务状况，验证着其中的真实性。他的手指不停地翻动报表，每一个细节都被他牢牢把握。

回到公司后，小帅将染厂的特殊情况以及设备和经营理念的先进性撰写至评审报告当中，并将织布厂的经营数据和财务报表也一一整理出来，让评委能够对这个项目有全面而又详细的了解。

（四）

小帅的项目上会时，评审会议室依然洋溢着紧张和严肃的气氛。小帅站在会议台前，展示着自己的调研结果。他的语言清晰而有力，每一个观察结果都被他清楚地描述出来。投影仪上显示着他整理的数据和图表，一幅幅生动的图像展现着染厂的现状和潜力。评委们认真地倾听，他们的目光紧盯着小帅，小帅虽然已经有了不少上会的经验，但每次上会内心仍然忐忑不安。

"染厂目前一共有多少台定型机、染缸？未来一年产能达到多少？每个月多少产能才能达到盈亏平衡点？""织布厂留存收益的变动与核算的利润勾稽不上，为什么呢？是利润核算错误还是股东分红？""分红记录有看到吗？分几次分红，分红金额多少？有进行核实吗？"这次小帅照单全收。

"评委没有其他问题的话，就发表意见吧。"随着主持评委的话，评审会进入发表意见环节，评委们认为染厂缺乏经营数据作为支撑，无法预测染厂未来的营收规模，小帅也未对产值情况进行了解，要求小帅补充通过染厂的产值情况来判断未来的营收能力，同时需要对织布厂的分红情况和分红去向进行核实，小帅认真记录下需要补充的问题。

小帅与冉掌柜沟通后重新来到染厂。这一次，他的目的更加明确，他与冉掌柜进行了深入交谈，仔细了解设备的产能和未来的盈利前景，在冉掌柜的介绍中，小帅了解到四条生产线一天产能为 16~20 吨，而每吨布加工费约12000 元，一天加工费约 20 万元，一年预计能达到 7000 万元产能，他的笔记本上写满了数字和数据。从染厂出来后小帅马不停蹄地前往织布厂，与彪哥沟通需要核实分红情况，在得到彪哥允许后，小帅收集并核实了织布厂近3年的每次分红记录。带着数据，小帅踏着轻快的步伐走出了织布厂，返回公司。回到公司已经是晚上7点了，调研收获的喜悦让小帅忘却了饥饿，急忙打开电脑走重新上会的流程，将调研的内容仔细地补充到评审报告当中，窗外繁星点点，公司的透明玻璃倒映着小帅认真填写报告的模样。等到小帅补充完评审报告并仔细检查后，关上了电脑，期待第二天评审会的到来。

第二天的评审会，小帅对上次评审会上的历史遗留问题一一补充作答。他将染厂未来的产能情况和盈利前景描述出来，投影仪上的图表清晰地展示着对设备产能的计算。他的声音坚定而有力，他的眼神充满自信，仿佛在向评委们传达："未来染厂一定能够快速发展。"关于染厂的分红情况，小帅也将核实到的每笔分红制作在表格中。

评审会的氛围紧张而令人期待。评委们之间频繁交流，他们的表情逐渐变得严肃。一些评委仍然担忧染厂处于早期阶段，而如今印染市场竞争激烈，染厂如何在激烈的市场竞争中生存并盈利，对染厂未来的发展提出了一系列的疑虑。对于评委的疑虑，小帅充分展现出他的沉稳和应变能力，他认为彪哥在布料行业经营多年，积累了许多客户资源，能够帮助染厂在激烈的市场竞争中获得一席之地。听完小帅的分析，部分评委表示认可，但部分评委仍然持保留态度，双方评委不断进行着激烈的探讨，也使小帅的心始终高悬着。而最终根据投票，大部分评委较为谨慎，认为染厂发展仍难以预料，园区内市场竞争激烈，未来若无法打通销售渠道，风险较大，提出暂缓项目的方案。

会议结束后，小帅的心沉入了谷底。上会两次都被否，这种情况在新人里是极其少见的，意味着这个项目要被搁置，等待下次上会需要三个月，这让原本信心十足的小帅顿感压力巨大。

这时，合作银行客户经理阿金给小帅来电："企业老板冉掌柜的家人发生了车祸，对项目不会产生太大影响，但是现在企业老板可能没办法及时配合补充调研。"

（五）

小帅垂头丧气地独自走在回家的路上，夜色深沉，热闹繁华的街道、嬉笑打闹的路人，显得小帅更加落寞，他不明白为什么在做了这么多工作后，还是无法推进项目过会，更让人懊恼的是，在这个关键阶段"掉链子"，他该如何给冉掌柜和彪哥一个交代呢，又该如何向担保公司证明自己是一个合格的项目经理呢？

第二天，小帅将评审会上的情况告诉彪哥。彪哥得非常愤怒，他指责小帅办事不力，他的织布厂为此次贷款提供了保证，提供了经营数据，却仍然无法获得批准。小帅明白企业的所急所需，明白彪哥的愤怒并非无道理，他知道，现在不是放弃的时候，而是需要找到新的解决方案，给冉掌柜和彪哥一个满意的答复。他决心继续努力，尽一切可能挽回这个项目，为染厂争取一线希望。

往后的每个月，小帅都会安排时间来到染厂，与冉掌柜坐下来深入交流。这个例行的会面成了他了解染厂运营情况的重要窗口。冉掌柜谈论着染厂的运营细节，从员工管理到生产流程，每个话题都使小帅对冉掌柜关于染厂的运作有了更深的理解。冉掌柜对染厂的经营理念与其他染厂不同，他追求规范化、数智化的运营，通过配备数智化的设备、设置规范的人员架构、对员工进行培训等方法，形成了染厂独特的经营方式，并在市场竞争中获得差异化的优势。冉掌柜在印染行业经验丰富，他的见解和建议让小帅受益匪浅。这些交流不仅帮助小帅更好地了解染厂的内部运作，还加强了他与冉掌柜之间的信任。

而在与彪哥的对话中，小帅展示了他的专业知识和对项目的坚持不懈。彪哥一开始对小帅持有怀疑态度，但随着时间的推移，他逐渐认识到小帅的能力和奉献精神。小帅不仅在每次访问中展现了他的专业素养，还以他的行动证明了他的承诺。这逐渐消除了彪哥对小帅的误解，他对小帅又有了信心。

随着时间的推移，小帅见证了染厂的运营逐渐步入正轨，设备和工人之间的磨合也越发顺畅，他把这一切的变化都仔细记录下来。

第三个月，染厂的订单已经爆满，生产线高强度运转，试染成功的布料逐渐堆积。这个时候对于小帅来说，是重启项目的最佳时机。他把这三个月来染厂的所有变化，细致地记录在一份充满希望的报告中，包括订单情况、产能情况以及独特的经营方式所形成的差异化竞争优势，而这份报告成了他重新申请评审会的关键材料。

远山初见疑无路，
曲径徐行渐有村

（六）

重新站上评审会讲台的小帅，信心十足地介绍了染厂的最新情况。他用数据和图表清晰地呈现了染厂的运营情况，详细地讲解了生产线上的改进和效率提升。评委们被他的专业知识和对项目的热情所打动，纷纷提出问题和建议。小帅自信地回答了每一个问题，他的回答充分展示了他对项目的深入了解和扎实的准备工作。会议上，评委们进行了激烈的讨论，最终达成了一致意见，项目得到了认可。小帅的努力和坚持终于得到了回报，他感到欣慰和充实，小帅开启担保之旅后历时最长的项目终于落地。他感到前所未有的轻松和喜悦，仿佛卸下了千钧重担，内心豁然开朗。这段经历让他更加坚定了自己的信念，他深信，只要有梦想和付出，就一定有机会。

对于小帅来说，这不仅是一份职业上的成就，更是一次个人信念和毅力的胜利。这次项目经历让企业老板对其刮目相看，赢得了冉掌柜和彪哥的信任和尊重，也让他们亲眼见证了担保人坚韧不拔的精神。越来越多的企业主动上门咨询服务，担保公司在滨海市的金字招牌更加耀眼。

小帅在最后一个月的试用期总结报告上写道：每个企业的行业类型、发展阶段、经营模式都不相同，在帮助企业解决融资难的过程中，会遇到各种各样的问题和难关。项目经理应该发挥职业精神，想尽一切办法，思考和寻求项目操作的突破口，困难势必会迎刃而解。项目经理在项目操作的过程中也要逐渐积累经验，提高自身的调研技术和与老板的沟通能力，我们既要做企业的知心人，知企业之所需，也要做企业的解铃人，急企业之所急，用真诚和业务能力打动企业，成为陪伴企业成长的好伙伴。

"经公司研究决定，予以小帅等项目经理转正……"小帅的担保之旅正式开启新的篇章。

略有小成

第二章

第一节　牛刀小试

一、涟漪中的真相

魏晋之际，王羲之饮水思源，泼墨挥毫，其书法端庄秀逸，正如今日之项目经理，需以严谨之态对待每一笔账目，每一份订单。洞悉企业内外，方能不受假象迷惑，如王羲之之于书法，项目经理之于尽调，皆为追求真实之美。

"横看成岭侧成峰，远近高低各不同"，苏轼道出了观察角度之重要。尽调之事，亦须左观右察，细致入微，方能辨清真伪。

纵观历史长河，每一滴水都在诉说着"真实"的重要性。这个故事中，读者将跟随小帅，待湖面上的涟漪散去，直至真相大白。

（一）

甲鱼池边凉亭下，胡鹏正与高佑享受着和煦的微风。周围的美景宛如一幅细腻国画，山峦起伏，绿树成荫。宁静的水面上，一只甲鱼正在悠闲地游弋。这里是胡鹏辛勤经营多年的天然甲鱼养殖场，一处兼具自然美景和商业价值的宝地。

胡鹏轻轻地沏了一壶茶，为高佑倒上一杯。茶香四溢，缭绕在老朋友的对话间。"胡鹏啊，你这养殖场的风景真是不错！"高佑啜饮了一口茶，赞叹不已。

胡鹏叹了口气，眼中露出一丝无奈："虽然我这环境优美，但这倒变成我的负担，我一直不忍心将这些花草树木开发成灰不溜秋的水泥养殖场，导致甲鱼的产量受到限制，规模一直做不上去。虽然我这纯天然养殖的甲鱼理应卖得更贵，但现在市场上价格战打得厉害，我们也不得不降低价格。”

“听说你的电子厂生意最近做得风声水起，好像是在生产什么‘矿机’？你们遇到矿场老板啦？”胡鹏转移了令自己烦恼的话题。

高佑笑着摇了摇头：“非也，你一定听说过比特币吧，最近我们接到的订单，很多都是组装用来赚取比特币的机器，也就是你所说的‘矿机’。你可以把比特币看成一支股票，据说刚开始的价格还不到一美元，现在已经涨到了几千美元，看样子突破一万美元不是问题。胡鹏，要不你也试试？我之前买了点儿，已经赚了不少。”

胡鹏皱着眉，沉思了片刻，“我在新闻里听到过比特币，不过老实说，我对虚拟货币了解不多。炒炒传统的股票我还能适应，这个东西……”他摇了摇头。

高佑见状，笑着拍了拍朋友的肩膀：“胡鹏，你不是有我嘛，保你入门怎么样？现在我就给你演示演示。”

在凉亭里，高佑熟练地为胡鹏的手机安装了一款流行的比特币交易软件。他补充道：“买卖比特币跟我们买卖股票还不一样，它并不像股票软件那么方便，可以一键挂单。你得在这个软件的交易社区里自己寻找买家或卖家，也就是场外交易。”

在高佑的殷勤指导下，胡鹏的眼前出现了一连串数字和字母。“这串看起来乱糟糟的代码，其实是你比特币账户的钱包地址，可以理解为你的银行账户号码。而这一串，记得好好保管，它是你钱包的密钥，相当于你的银行账户密码。”

深夜，胡鹏靠着床头，目光锁定在交易软件上，比特币的价格就像是一匹脱缰的野马，不断地向高位奔腾。他的心情随着价格的变化而波动，难以言喻的焦虑和兴奋交织在一起。

转而他又打开了自己的股票账户，数字映入眼帘，账户里那一串亏损数字，让他感到一阵刺痛。对比之下，心中的落差更加强烈。他深吸一口气，试图平复自己的情绪。他知道，股市最近的行情不甚乐观，但在比特币上，他或许能找到弥补亏损的机会。于是，他开始在软件中搜索理想的报价。筛选一番后，他找到了一个看起来信誉良好、报价合理的卖家。

胡鹏片刻犹豫过后，决定一试身手。他轻触了几下屏幕，完成了交易流程，用五万元人民币换来了一笔虚拟货币。在这个寂静的夜晚，他的内心却难以平静。

（二）

清晨的阳光透过卧室的白色窗帘，洒在胡鹏刚醒来的脸上。他起床洗漱后，坐在餐桌前，边啜着热腾腾的豆浆，边点开了比特币交易软件。当账户上的数字跃入眼帘时，胡鹏的瞳孔逐渐放大，手中的豆浆差点洒了出来。比特币的价格竟在一夜间飙升了百分之十。这一刻，他仿佛置身云端，体会到了前所未有的兴奋，这种赚钱的快感让他忍不住心跳加速。高佑的话在耳边回荡："买比特币就像天天撞到涨停股的感觉。"

接下来的日子里，胡鹏时刻都在关注着比特币的价格走势。虽然价格有时会小幅回调，但总体趋势稳步上升。两周时间过去了，胡鹏看着自己账户里的数字如同坐上了火箭般扶摇直上，心中的喜悦溢于言表。他的比特币资产已经增值了百分之五十。股市里的郁郁不得意，养殖甲鱼的劳心劳力，在这一刻似乎都不重要了。

贪婪这颗小小的种子在胡鹏的心田悄悄生根发芽。他毅然决然地将股票全部抛售出支，把账户中的余额全数提取后毫不犹豫地投入了比特币大潮中。

终于，像是为了验证高佑的预言一样，比特币的价格突破了一万美元大关。胡鹏坐在电视机前，看着关于比特币的财经新闻，嘴角不自觉地上翘，脸上扬起了得意的笑容。他回忆起自己在股市的沉浮，那些付出的代价和收获的经验，他明白，真正的胜利者是那些知道何时该收手的人。

他决定在比特币首次突破一万美元的历史时刻，结束自己短暂而绚烂的炒币生涯。胡鹏的内心其实并不认可比特币的价值，他的直觉和市场经验告诉他，一场巨大的回调即将来临。

胡鹏坐在办公室的椅子上，手指在手机上轻轻跳动，眼神专注而紧张。他将第三方卖家提供的比特币钱包地址复制到交易界面中，然后小心翼翼地从办公桌下的保险柜里取出钱包密钥，将密钥输入交易页面，深吸了一口气后，按下了确认交易按钮。屏幕上，比特币账户的余额迅速清零，但他却没有收到任何来自买家确认交易的通知。光标在屏幕上闪烁着，就像是在模仿胡鹏剧烈的心跳。

胡鹏知道，交易平台会提供担保服务以保障交易安全。通常情况下，买家需要先将资金打入平台的担保账户，等到买家确认收到比特币后，平台才会释放资金给卖家。按照这个流程，他已经将自己的比特币发送出去了，按理说买家应该很快就会确认收货。

他在聊天框中急切地询问："你收到比特币了吗？为什么还不确认交易？"对方的回应迅速而冷淡："我什么都没收到，一直在等你呢。"

一种不祥的预感在胡鹏心头掠过，他开始仔细地核对交易记录中的钱包地址。他愕然发现自己在复制买家钱包地址时竟然漏掉了一位。他的心跳开始加速，内心充满了不安。他回想起自己在银行进行转账时，账号哪怕只有一位数字错误，转账都无法成功。然而，在这个去中心化的比特币世界里，他少输了一位，交易不但能成功，而且无法撤销。

他迅速联系了交易平台的客服，希望能找到解决办法。但客服的回复无情而现实，他们解释说比特币钱包地址的长度并不是固定的，它可以在26位到34位之间变化。而且，由于比特币交易一旦得到区块链网络的确认，就无法被逆转。这便意味着胡鹏的比特币已然无法追回，永久地消失在了数字世界。

胡鹏感到一种前所未有的无力和绝望，他看着手机屏幕上的比特币价格仍在疯狂上涨，几乎要昏厥过去。那些本该属于他的财富，却因为一个微小的失误就烟消云散。他瞬间从云端跌落到了深渊。

（三）

第二天，公司的财务总监赵总来到了老板胡鹏的办公室，他看到胡鹏的表情凝重，便预料这次的谈话将不会轻松。胡鹏开门见山："咱们公司的流动资金还有多少？我这边有个业务，急需资金支持。"

赵总沉稳地回答："胡总，我们最近采购了一批新的甲鱼苗，又对养殖池塘进行了必要的修缮，目前公司的资金有点紧张。户头上就剩十来万了。不过，等到下月客户的回款到账，账上应该能有一百万元以上的现金。"

胡鹏紧锁眉头："我现在就需要用钱，你看能不能挤出一笔来，越多越好。对了，上次咱们联系的那家担保公司怎么样了？"赵总摇了摇头："胡总，那家担保公司看了我们的财务数据后，认为我们的流动资金吃紧，加上近几年业绩增长缓慢，觉得并不满足他们的风控标准，拒绝了我们的贷款担保申请。"

胡鹏思索了片刻，语气坚决："那就换一家担保公司试试。至于报表，我们做一套外账给他们看。数据可以适当美化，库存、订单那些也可以修饰，毕竟需要给担保公司足够的吸引力。你现在把其他的事情先放一放，先着手解决资金问题。"赵总知道，胡鹏的指示已经涉及财务造假，但他也明白老板的性格，不喜欢被人质疑他的权威。他点了点头，虽然心中有数不清的疑虑和担忧，但还是答应下来。

胡鹏这样做，是因为他想要追赶那近乎疯狂的比特币涨势，想要赶上比特币的末班车。在他看来，如果能够通过这一波资金的注入来弥补之前失误所造成的巨大损失，那么一切的风险都是值得的。他的目光中透露出一种迫切，他知道自己必须抓紧每一分每一秒，否则就会失去最后的机会。

（四）

一个阳光明媚的下午，小帅和小美两位担保项目经理按时抵达了甲鱼养殖基地。胡鹏和赵总迎了上去，带着两位项目经理参观起来。池塘中，水波不兴，周围被郁郁葱葱的树木环绕，显得异常宁静。小帅边走边赞叹："胡总、赵总，我走过不少养殖基地，但像这样风景怡人的可真是少见，你们这里真养眼啊！"小美则显得更为专业和细致，她一手拿着本子，一手拿着笔，跟在队伍后面，不时停下脚步思考着什么。不久后，她提出了疑问："赵总，池塘里的甲鱼数量应该和发给我们的数据相符吧？"

赵总有些慌张，话语间显得不太自然。胡鹏及时接过话题："小美，你放心，我们这里多年来一直坚持诚信经营。而且，我们的甲鱼肉质也属上乘，市场反响很好。等会儿我们去餐厅尝一尝红烧甲鱼，保证你们满意。"

听完胡鹏的解释，小美点了点头，但明显心存疑虑。她知道，在没有特别的养殖技术加持下，自然状态下的甲鱼养殖产量很难达到他们报上来的数字。她的视线四处游移，似乎在寻找答案。

小帅注意到气氛有些尴尬，便站出来缓和局面，他向胡鹏和赵总解释道："胡总、赵总，按照公司的尽职调查流程，我们需要对贵司的存货进行实际盘点。这通常是通过抽样调查的方式来完成的。如果您能允许我们对这片池塘进行抽样查验，那么接下来的担保流程会顺利很多。"

胡鹏犹豫了一下，对赵总说："去给他们拿个渔网竿来，让他们自己捞捞看。"话一出口，胡鹏就有些后悔。近来他一心投入比特币市场，对养殖情况并没有细致了解。赵总接到命令后，心里也是一阵紧张。他试图将抽样地点转移到其他位置："小美，我们去那边山头的池塘捞捞如何？那边的水浅，甲鱼捞起来容易一些。"

小美却坚持己见："赵总，我们需要核对养殖数据的准确性，不是说哪里

涟漪中的真相

水浅我们就去哪里捞。"话音未落，小帅接过渔网竿，小心翼翼地伸入池塘水中，水面上荡起一圈圈涟漪。

捞了两次后，网中除了杂草和泥沙，并无甲鱼。直到第三次，他们才捞上来一只。尴尬的气氛更加浓厚，胡鹏却强作笑容："不错不错，这只甲鱼看起来很肥美，一会儿我们就尝尝这只。走吧，这边请，咱们先去休息一下吧。"

胡鹏领着一行人走向餐厅，内心却像被重锤击中一样。他明白，担保公司严谨的尽职调查程序必将给担保申请带来不小的阻碍。

（五）

在担保公司的办公室里，小美手中拿着胡鹏公司的财务报表，满脸的不解和疑虑。她步履匆匆地来到小帅的工位前，眉头紧蹙："小帅，看看这份财务报表，你看这里的毛利率，怎么搞的有点离谱？难道是笔误？结合我们昨天的实地抽样，我觉得这家甲鱼养殖公司不靠谱。"

小帅接过报表，思索片刻后说："我也觉得不对劲。再联系一下他们的财务总监，看看能不能拿到更详尽的底账。"电话接通后，小帅直截了当地提出了疑问，但赵总在电话中支支吾吾，并称暂时无法提供更详尽的财务数据。

因此，甲鱼养殖公司的贷款担保申请被搁置。与此同时，胡鹏在自己的办公室里，每天都痛苦地看着比特币价格飙升。那一个又一个的价格新高给他带来了无尽的懊悔。直到比特币价格逼进两万美元的峰值，胡鹏仍然只能干着急。

但好景不长，比特币的狂热很快就像泡沫被戳破一样，价格急转直下。胡鹏听到了电子厂老板高佑负债潜逃的消息。他仔细打听才知道，原来高佑在比特币的交易中陷得太深，甚至玩起了极高风险的期货和杠杆交易。终因比特币价格的急剧下跌而爆仓，债务缠身。

胡鹏不禁心惊胆战。他突然意识到，如果他真的通过财务造假获得了融资，自己一定会面临和高佑一样的命运。他心中涌起了对小帅和小美的感激之情，虽然曾因为自己失误而损失惨重，但至少他还保住了自己的企业。

得益于担保公司项目经理的尽职调查，胡鹏公司成功避开了这场灾难。

项目经理的尽职调查能够揭示企业财务状况的真实性，协助项目经理与担保机构做出合理决策，降低信贷损失风险。

1. 首先，项目经理在调查企业财务情况时，如果发现企业做账不规范或做假账，应更为深入地核对，检查数据的完整性和合规性；其次，项目经理要学会分析现金流量表与实际现金流动的对应情况，通过原始凭证、银行对账单和其他财务交易记录来验证其判断；最后，项目经理需要观察企业的生产经营活动，包括实地考察、库存验证等，确认业务实际运营数据与报表数据是否一致。这样才能有效发掘和规避财务不诚信行为所带来的风险，保障担保机构利益。

2. 项目经理在调查应收账款、订单和存货的真实性时，可以采用多种手段进行交叉验证。首先，仔细审查与应收账款相关的贸易合同、发票、交货单据和收款记录，同时对订单真实性进行核查，包括订单合同、客户确认文件以及生产和交付记录；其次，通过直接沟通或第三方确认的方式，验证应收账款和订单的有效性；再次，针对存货，项目经理需实地盘点，核验存货记录的准确性，并评估存货的质量、库存周转率和市场价值；最后，项目经理还需要关注企业的回款周期和历史坏账，以评估资产的流动性和减值风险。

3. 针对企业老板的高风险投资活动，如从事加密货币交易，项目经理应该采取以下策略：对客户的财务报表、信用记录和历史融资记录进行资料审查，获得关于企业实控人财务和信用状况的第一手资料；通过与公司其他人面谈，项目经理可以间接地了解实控人是否可能参与高风险投资活动；通过网络和社交媒体搜索能够找到企业老板的公开发言或投资动态。

二、揭开企业的神秘面纱

项目经理于尽职调查期间，须深入企业内腑，穿透表相汪洋，探求实理璀璨。犹如昔日汉室班超"万里觅封侯"之雄心，穿越蛮夷之境，历经险阻，终获奇珍。正如柏拉图洞穴寓言所述，真理之辉映并不隐于幽暗洞府之内，实在洞府之外，日光之下。项目经理亦须越出成规之思维洞穴，勇敢迎接真实世界之灿烂日辉。非但需洞察企业内部之要义，明白其生意经营之策，亦要了解外界之良机与挑战。

（一）

雨滴敲打着出租车的车窗，伴随着车内清幽的音乐，都市景色在车窗内留下了模糊的印记。在这动感与静谧交织的环境中，璋哥的声音显得特别洪亮："听说咱们一会儿要去的企业在业内享有盛名啊。"璋哥的目光转向身旁的小帅，眉宇间带着一丝期待。

小帅点了点头，眼神中却透露出一丝紧张："是啊，听说他们老板可不一般。"他的声音略显低沉，似乎是在回忆别人对这位老板的评价。"你应该提前做了功课吧？资料给我也看看"，璋哥伸手，显得很是自信，仿佛已经在心里描绘出了会面的场景。

小帅赶紧将手头的资料递给璋哥，上面密密麻麻记录着企业的各种信息。小帅的掌心积着薄薄的汗水，心跳也如打鼓，节奏越来越快。他尽力让自己显得镇定，但内心的紧张却是掩饰不住的。这次会议，对他来说是一个前所未有的挑战——他将主导整个担保项目，扮演着至关重要的 A 角。而璋哥，资深的担保部部长，是本项目的 B 角。在这样的压力之下，小帅自然如履薄冰。

璋哥接过资料，迅速地翻阅起来，似乎在寻找着什么重要的信息。"小帅，你整理的企业基本资料很全面，企业的规模、成立时间、股东背景、管理团队、业务范围等内容都有涵盖。我大概看了一下，这家做指纹识别方案的公司基本面很不错。"

小帅轻呼一口气，听到部长这么说，他的紧张感稍微减轻了一些："确实是一家不错的公司，但是听别人说公司老板不太一样，甚至有些奇葩。"

璋哥哈哈一笑，眼中闪过一丝好奇："奇葩老板我也见过，倒是好奇这一位有多奇葩。"

随着出租车缓缓到达目的地，小帅和璋哥的目光不由自主地被一幢雄伟的建筑物吸引。车子最终停在了这栋大楼的正门前，两人忍不住对望一眼，都能从对方眼神中读出一丝惊叹。这幢建筑豪华而不失庄严，与周边那些反射着阳光的玻璃幕墙高楼相比，它的古典风格独树一帜。

门口的安保人员身着西装，戴着墨镜，透出一股冷峻的专业气质。他们仿佛刚从某部特工电影中走出来，彰显着非凡气质。一旁，一只浑身漆黑的警犬紧绷着身子，警惕地巡视着周围的一切动静。

两人刚步入大门，就被那轻柔的水声所吸引。一个精美的室内喷泉位于大堂中央，水珠在灯光的照射下闪耀着光芒，仿佛在空气中跳跃着华尔兹。几根雕工精细的大理石柱子高高耸立，撑起了装饰着华丽水晶灯具的天花板，大堂的每一处细节都彰显着企业的实力。璋哥不禁感叹："这公司的格调的确与众不同。"

（二）

随着他们步入公司内部，走廊两侧排列着古希腊风格的大理石雕像。这些雕像在灯光的映照下栩栩如生，投下的影子在墙面上拉长，宛若神话中的英雄俯瞰着小帅和璋哥。

这里的装修风格同样独一无二。墙壁上的水流潺潺而下，正是一幅活生生的山水画。房间中的座位设计得如同散落在清澈溪流中的小岛，每个人坐下时都似乎置身于水的怀抱中。

小帅与璋哥穿越几个小岛般的座位，终于找到了自己的位置。对面的椅子随即转动，露出了公司老板——谭雅。

"你们好，欢迎来到我们公司。"谭雅的语调轻松而又自信。

小帅礼貌地回应："谭总您好，这样独特的装修风格真是让人印象深刻，我们还是头一次见到。"谭雅微笑着回应："哈哈，自己的地盘，自然要有自己的风格。我们直奔主题吧，最近我们正在研发新产品，需要补充现金流，所以找到了你们担保公司。"

小帅暗暗深吸了一口气，接着用平稳而有力的语调向谭雅介绍了担保公司的基本情况，随后三人展开了关于业务合作细节的探讨。

会议结束，小帅和璋哥坐上了返程的出租车。小帅在车上忍不住发表感慨："璋哥，这家公司真的很有意思。装修风格优雅，却似乎与科技公司不太搭调。他们的产品科技含量看起来很高，谭总却是从媒体行业跨界创业。"璋哥听后轻轻点了点头，眼神中透露着深思："这家企业确实有它的特色，但它的核心业务和本质是不变的。我们静下心来，剥开表象，尝试去触及它的内核。我相信你的能力，我们一步一个脚印地去做就好。"

（三）

办公室的昏黄灯光下，一份份财务报表铺展在小帅面前。他目光专注，一笔一画地记录下他的分析。资产负债表、利润表、现金流量表——这些关键的财务报表成了他的战场。小帅细致地计算着谭雅公司的各项财务比率和指标。他像是在进行一场严谨的数学考试，毛利率、净利润率、营业收入增长率、资产周转率、负债比率这些专业术语他已驾轻就熟。计算器的健盘快速跳动着，透过这些数字，小帅试图揭示关于企业盈利能力的真相。一幅幅数字画卷在他的脑海中展开，显示出这是一家在财务状况上非常稳健的公司，产品毛利率在行业内处于领先水平。

研究到了很晚，小帅感到眼睛有些疲倦，他起身去泡了一壶香浓的咖啡。随着咖啡香气的弥漫，他的精神也为之一振。接下来，他下载并仔细阅读了几份指纹识别赛道的研究报告，以及该行业龙头上市公司的年度报告，这些报告让他对行业的发展趋势和市场竞争状况有了更深入的了解。

在对比分析中，小帅发现，谭雅的指纹识别公司凭借先进的生产工艺，有效地降低了成本，确保了利润率的优势。然而，他也留意到了行业内的一个新趋势——面部识别技术的兴起，这可能对现有的指纹识别方案构成威胁。

经过一番细致的研究，小帅将收集和分析后的数据整理完毕后，拿起厚实的尽调报告，走向璋哥的工位。璋哥正专心致志地审查另一份文件，听到小帅的脚步声，他抬起头来。小帅递上报告，目光中带着期待与自信："璋哥，尽调报告完成了，您看看有什么需要修改的？"璋哥接过小帅递来的尽调报告，快速地在纸张上来回扫视。不久，他抬起头来："小帅，你认为这家企业的核心竞争力是什么？"

小帅愣了一下，他意识到自己并没有仔细思考过这个问题。他的回答带着一丝迟疑："这家公司的发展看起来很健康，算不算是这家企业的竞争力？"他的声音里夹杂着不确定性。

璋哥无奈地摇了摇头："我指的是那些能持续提供独特价值、难以被竞争对手复制或替代，且对维持和提升企业市场地位至关重要的技术或资源。你可以从产品或服务的特性、技术优势、品牌价值、市场占有率、客户忠诚度、成本结构、供应链管理、创新能力和团队素质等多个方面来谈谈你对这家企业的理解。"

小帅明显感到了压力，他的脑海中飘过了之前分析的那些数据，意识到自己缺乏对公司深层次的洞察。除了公司财务数据的平稳增长和对指纹识别行业的初步了解，他对这家神秘公司的核心竞争力知之甚少。

就在小帅努力整理思绪时，璋哥开口打断了他的沉思："这样吧，我们俩再去企业调研一番。"

（四）

第二天早晨，璋哥和小帅按照预定时间来到了谭雅的指纹识别公司，准备与财务总监王总会面。

"你们好，我是指纹识别公司的财务总监，也是首席技术官。"王总的声音沉稳有力，他的财务与技术兼备的双重身份让小帅微微惊讶。

璋哥握住王总伸出的手，回应道："王总幸会，我还是第一次遇见这么懂技术的财务总监。"感受到声音中带着的真诚赞赏后，王总以一种自豪的口吻说道："这也是我们公司的特色之一，很多员工的专业跨度很大，但我们的专业能力你们可以放心。"

随后，璋哥和王总展开了深入交流，他们从企业的供应链切入话题，从智能设备的上游半导体制造商，一直谈到了下游的终端销售。经过一番交谈，璋哥对指纹识别公司在供应链中的重要性和稳定性有了更清晰的认识。

接着，两人的话题转到了指纹识别公司的竞争对手。王总坦率地分析了当前公司与其主要竞争对手在创新性、质量、技术含量、价格和售后服务方面的差异。他详细地指出各大品牌的独特卖点和潜在缺陷，小帅则在旁边用笔记录下每一个关键点。

访谈结束后，在璋哥和小帅搭车回担保公司的路上，璋哥让小帅将刚才的谈话要点整理到尽职调查报告中，并强调要加入对市场风险和政策风险的评估与分析，因为这些是衡量一个企业在不同情况下风险管控措施是否充分的关键。

小帅回到办公桌前，对资料进行重新的梳理与分析。他将新内容融入报告，使之更加全面和专业。最后，项目经过部门预审会和专家评审会的严格审核，最终顺利通过。

揭开企业的神秘面纱

（五）

闪耀的聚光灯，现代感十足的舞台，熙熙攘攘的观众。小帅作为特邀嘉宾坐在台下，等待着指纹识别公司的新产品发布会正式开始。他的内心充满了期待和激动，这是他首次以外部合作伙伴身份出席这样的大型活动。

随着主持人热情的开场白，谭雅优雅地走上讲台。她的演讲声情并茂，介绍着公司最新研发的屏下指纹识别技术。台下响起了雷鸣般的掌声，小帅也情不自禁地鼓起了掌。谭雅宣布，这一新技术已经获得了业界的广泛关注，多家知名手机制造商已经宣布未来将在旗舰产品中采用这一技术。

忽然，在这片赞誉之中，小帅的心中掠过一丝诧异。他注意到谭雅在介绍新产品的过程中，似乎有意回避某项关键底层技术的来源问题。这一细节引起了小帅的警觉，他回忆起自己在尽职调查过程中，对谭雅公司的知识产权状况进行梳理时，发现这项技术原本是与一家初创公司共同研发的。

发布会后，通过调查和多方联系，小帅得知了背后的真相。因为合作条款上的分歧，谭雅公司与合作公司的关系已经破裂。谭雅公司将这项技术据为己有，这一行为可能使担保公司处于不利的境地。因为如果谭雅的公司陷入知识产权纠纷诉讼，新产品的市场推广计划必然受到严重影响。

小帅在与璋哥深入讨论了这一情况后，他们决定与谭雅进行一次坦诚的对话。在会面中，谭雅承认了与合作公司关系破裂的事实，也坦言其中的复杂性。小帅和璋哥提出了协助谭雅与合作公司解决知识产权归属问题。经过一番艰难的协调和谈判，在他们的共同努力下，指纹识别公司与合作公司最终达成了和解协议。合作公司的名字在新产品中被明确标注为技术合作伙伴，并获得了一定的经济补偿。

小帅在这次难忘的项目经历中收获颇丰。他在自己的笔记本上认真记录下了心得体会。他明白，要全面评估一个企业，不仅要对企业的主营业务进行深入分析，还要关注企业可能面临的潜在诉讼风险。这些都是担保项目能否过审的关键。他在笔记本上记录道：要全面了解一个企业，仅仅分析其基本资料、财务报表和行业情况是远远不够的，还需要从以下几点出发。

1. 研究企业在产业链中的位置，分析企业的上下游结构，识别主要的供应商和客户群体，通过调研和数据分析来了解这些合作伙伴的实力和信誉。同时，考察企业是否拥有议价能力，其供应商的多元化程度以及是否有替代供应商，进而评估上下游的稳健性。此外，项目经理还可以通过与企业供应商对话，了解双方的合作历史和合作意向，从而综合判断企业在产业链中的位置，为担保提供决策支持。

2. 确定客户的主要竞争对手，通过分析市场份额、行业报告、企业年报以及第三方研报来识别相同市场领域中活跃的竞争对手；同时，对比客户企业与竞争对手的产品特性，包括创新性、质量、技术含量、价格和售后服务等。通过分析竞争对手的市场策略，如市场细分、目标客群定位、营销渠道选择，以及定价策略、促销活动和客户关系管理等方面，使项目经理可以更好理解市场竞争格局，从而帮助其预见潜在风险与机遇，制定相应的风险管理和业务发展策略。

3. 识别企业主营业务面临的潜在风险。首先，评估市场需求的波动性、竞争强度和产品壁垒，以便揭示市场风险；其次，考察企业的技术研发能力、产品更新速度以及对新技术的适应性，进而识别技术风险；最后，深入了解企业的内部风险管理体系，包括风险识别、评估和监控流程，以及企业过往面对风险时的处理情况。通过审查企业的战略规划、财务安排、操作流程和紧急预案，项目经理可以评估企业的风险防控能力及其有效性。

三、尽职调查中的小小缝隙

柯南·道尔曾提出一种精妙的思考哲学："如果一切可能性都无效时，可能真相就保留在看起来不起眼的事物之中。"在担保行业，一个优秀的项目经理也需要展现出敏锐的洞察力，即便面对表面光鲜的财务数据，他也不应止步，而是应当透过数字的华美外衣去参透问题的本质，探求隐藏于数据下的真相。

（一）

光线昏暗的会议室里，小帅正紧张地整理着文件。他的面前摊开着一份份财务报表和合同，这些都是化学设备制造公司的核心资料。与小帅一起尽职调查的 B 角，是一个精明能干的年轻项目经理，正帮他核对着每一项数据。

"这家公司的资产负债表比我预想的要复杂得多。"B 角注意到小帅的眉头紧锁，尝试打破沉默。

小帅点了点头："是的，但我们不能仅仅依赖数字。我们需要了解他们的运营模式、市场定位，还有最重要的——他们的老板大雷。"

B 角回想起担保前辈的叮嘱：要注重对企业老板的调查，他们往往是企业的决策者和战略制定者。他们的信誉、经营理念、管理能力、行业经验以及历史业绩等方面对企业的未来发展至关重要。

忽然，门缓缓打开，一个身材魁梧的男人迈步走来。他穿着简单的衬衫和牛仔裤，气场强大，自信满满。这便是大雷，这家化学设备制造公司的老板。

"小帅，欢迎来到我们公司，请移步到我的办公室里来。"大雷将小帅拉至面前，用力攥住了小帅的手，小帅不禁感受到这个男人的强势性格。

接下来的一个多小时里，小帅和 B 角在办公室同大雷进行了深入交流。大雷不仅分享了他的管理理念，还详细介绍了公司的产品和市场策略。小帅对大雷在化学领域的深入钻研以及对市场趋势的敏锐洞察感到敬佩。

交谈间，小帅得知大雷不仅毕业于化学系，而且有着多年的实验室工作经验。大雷还是一家化学品代理销售公司的老板，正是在化学品领域的专业知识，使他能取得现在的商业地位。更重要的是，大雷提到的长远规划和市场预判显示出他非同一般的商业智慧。

小帅的眼神在大雷的办公室内快速扫描，每一个细节都逃不过他的分析。他微微颔首，对大雷的管理思维和战略眼光表示赞赏，但内心却始终保持着一份职业的警觉。"雷总，我非常钦佩您的扎实专业知识水准和工作热情，同时也很好奇，这些年您是如何将公司做到今天这个规模的？"小帅一边交谈，一边观察着大雷的表情。

大雷笑了笑，似乎对这个问题已有准备："其实关键就是团队对市场的准确把握。我们不断创新，努力满足客户的需求，这也是我们能够在市场中立足的主要原因。"

谈话间，小帅注意到大雷言谈举止中透露出的自信，而这种自信似乎并不是完全建立在业务的成功之上。他的目光落在了那面有不少年份名酒的酒柜上，心中暗想，这里面或许有什么故事。

小帅的目光在离开前无意中扫过了秘书的桌子，那里散落着一些文件，其中的一份日程安排表显得格外突兀。他注意到了那些来回澳门的行程安排，而这个发现让他不禁皱起了眉头。尽管大雷对公司的介绍充满了热情和信心，但这些行程却似乎暗示着一些不为人知的故事。

小帅凭着直觉告诉自己，这可能是一个潜在风险因素。告别了大雷和他的团队后，小帅心中的疑问却像一块沉重的石头压在胸口。在返回办公室的路上，小帅和 B 角交换了意见。

"大雷先生确实非常有能力，他的公司在未来很有潜力。" B 角肯定地说。小帅则陷入了沉思："他确实很有水平，但我们还需要更深入地分析。"

（二）

第二天，小帅和 B 角再次走进了大雷的公司，此行的目的是搞清楚大雷频繁往来澳门的真相，他们的脚步比第一次来时更加坚定。这回，他们来到了装饰典雅、满墙书架的财务总监办公室。

"总监，我们想了解公司是否有计划拓展澳门市场。"小帅语气中带着不容置疑的专业。

财务总监是一位中年男子，态度严厉，他微微抬眼，不悦地说道："目前没有，能提供给你们的信息都已经给过了。"小帅不愿就此放弃，他尝试从侧面打探："那您能否告诉我们，大雷先生频繁访问澳门是否与公司业务有关呢？"

这个问题显然触碰到了财务总监敏感的神经，他的眼神中闪过一丝躲闪："这种事情不在你们的尽调范围内，请做好本职工作。"

遭到明确拒绝后，小帅和 B 角无奈地离开办公室，他们的调查似乎进了"死胡同"。在等电梯离开时，小帅发现有一对母女在一旁手牵着手。电梯门打开，这对母女携手走进。小女孩天真无邪的声音在安静的电梯间回荡："妈妈，我们什么时候再来爸爸的公司啊？"

小帅的注意力被吸引过去，他猜测着这对母女与大雷的关系。这可能是了解大雷另一面的机会。电梯到达一楼，小帅和 B 角跟随母女俩走出了公司大楼，他们走向前做了自我介绍，然后开始了一场看似随意的谈话。"真的很巧能在这里遇见您，雷夫人。"小帅微笑着打开了话题。雷夫人有些戒备，但还是礼貌地回应："是啊，这是我女儿，我们偶尔会来这里。"

小帅小心谨慎，不想让雷夫人觉得他们有什么特殊企图。"听说您和大雷先生一起创办了这家公司，真是不容易。"

雷夫人的表情略显暗淡："是的，但是现在我们不在一起生活了，而且我已经退出公司了。"

这个话题为小帅提供了深入交谈下去的契机："大雷先生一直都是个勤奋的人，公司如果面临了什么困难我们会尽心尽力帮助他。"雷夫人点点头，但随即叹了口气："其实公司近几年遇到了不少困难，业绩没有以前好了。几百号员工需要养家糊口，这担子压在他身上，他的压力确实很大。"

小帅紧接着询问了关于大雷平时是否忙于应酬的问题，雷夫人的回答让他了解到，大雷喜欢收藏名贵白酒，但自己并不喜欢喝酒。随后，小帅顺势谈到了大雷经常往来澳门的事情，雷夫人脸色大变明显犹豫了一下，随后表示无可奉告。

B角在一旁默默地观察着小帅，他深刻地意识到，作为一个项目经理，不仅要学会如何与企业高层沟通，还要深入企业基层，与技术人员、安保人员、普通员工甚至是老板的家属进行交流。这些一线员工和家属往往掌握着第一手资料，他们的话语中往往蕴含着企业运作的真实情况。与财务总监或企业法人相比，这些人对项目经理的提问通常没有那么强的戒备心，他们的回答可能更加直接和坦率，这些珍贵的信息往往能够帮助项目经理构建起对企业更全面、更立体的认知。

看到雷夫人的反应后，小帅和B角知道，他们在调查中发现了冰山一角，雷夫人的反应让小帅对大雷贷款目的的真实性产生了怀疑。

（三）

光线透过担保公司会议室的玻璃窗洒在桌面上，斑驳的影子映照出风控部的紧张气氛。小帅坐在会议桌的一侧，手中的文件夹中装着关于化学设备制造公司尚未完成的尽职调查报告。

风控负责人坐在会议桌的另一侧，他清了清嗓子，开场白简洁有力："今天我们在这里，是为了探讨实控人大雷可能存在的嗜赌问题。"随着问题的提出，会议室顿时变得热闹起来。风控经理们开始交换意见，讨论的声音此起彼伏。

"大雷先生的历史信用记录无可挑剔，他的公司业绩在行业内一直领先。"一位风控经理说道。

另一位风控经理则表达了不同的观点："但是，我们不能忽视潜在的嗜赌风险。嗜赌的人很难保持清醒的资金管理意识。"

一时间，会议室内的争论变得激烈。风控负责人在听取了各方意见后，目光转向小帅："小帅，你对这个项目已有一定的了解。我需要你继续深入尽调，特别是要查明大雷是否真的嗜赌。"

会议结束后，小帅回到办公座位上，他的眼睛盯着大雷公司财务资料中密密麻麻的数字和图表。随着时间的推移，他的额头上渐渐凝聚起汗珠，那些文件中似乎并没有出现他期待中的异常。

小帅轻轻地叹了一口气，感到有些挫败。他知道，如果仅凭这些财务报表，他很难从中找到大雷赌博行为的直接证据。他的直觉告诉他，要摸清大雷的行为，他需要换一个角度，也许应该深入调查大雷名下的其他资产。小帅决定转移目标，将调查的重点转向大雷名下的化学品代理销售公司。

（四）

小帅与 B 角站在化学品代理销售公司的仓库门口，蔚蓝色的天空下，小帅眉头紧锁。尽调过程中的每一步都让他更接近真相，但同时也出现了更多谜团。他的直觉告诉他，这里面也许有更深的内幕。

小帅拨打大雷手机号后，得到的回应始终是暂时无法接通的语音提示。"想起来在日程表上看到，今天好像是大雷出差去澳门的日子，他果然没有接电话。可是，没有大雷的许可应该是很难进入仓库的。"小帅喃喃自语道。

在一旁的 B 角大脑飞速运转着，突然，他想到了雷夫人："大雷非常需要这笔贷款，那雷夫人一定会热心配合我们尽调的，她的身份也许能够带我们进入仓库。"接着，小帅又拨通了大雷助理的电话，顺利地联系到了雷夫人，最终在她的协调下，小帅和 B 角成功走进仓库。

进入仓库，迎面而来的是一股异常的酒香。小帅在整齐的货架间踱步，货架上摆满了同样大小的用来盛装化学制品的罐子，他有条不紊地对罐体进行清点，数据与文件上的记录完美吻合。这让他有些迷茫，本以为会在这里找到证据，却似乎又回到了起点。

然而，当他即将离开之际，下意识地轻敲让他发现了异常——空的化学品罐。那清脆的回响在仓库中异常明显，他的心猛然跳了一下。接着，小帅像敲西瓜一般敲了好几个罐子，其中不少都没有装满。

仓库管理员解释这可能是因为密封不良而导致化学品挥发，但小帅的直觉告诉他，事情并非如此简单。仓库的整洁程度和那股酒香，都不符合常理。化学品如果真的密封不良，罐体上应该有液体渗出的痕迹。

走出仓库后，小帅的目光不经意间扫过了停车场，他认出不远处停放的正是大雷的爱车。这一线索像是最后的拼图碎片，将一切串联起来。他脑中快速闪过一个大胆的假设：大雷的车，空的化学品罐，去澳门的行程，还有那不寻常的酒香，难道？

（五）

回到担保公司，小帅的心情沉重，但信念异常坚定。他的尽调并没有找出直接的财务漏洞，但他对大雷个人行为的怀疑已经得到验证。他知道，即使是最微小的迹象，也可能预示着巨大的风险。在接下来的项目评审会上，小帅面对着严肃的评委们开始了汇报："各位专家，在对大雷名下的化学设备制造公司和化学品代理销售公司的尽调过程中，我们发现了一些值得深思的细节。"小帅讲出的每个字都铿锵有力，敲击着在场每个人的耳膜。

"从管理能力、管理思维和战略眼光来看，大雷确实具备了一个成功企业家的诸多素质。他的公司在行业内有着不错的口碑，团队培养方面也颇有建树。"小帅先是给出了客观评价，然后转折道，"但在调查过程中，我们遇到了一系列细节上的可疑点。"

他从最初发现日程安排表开始，细致地叙述了仓库化学品罐体数目虽对，但部分实为空罐的情况，以及仓库中异常的酒香，大雷的车辆出现在不合常理的位置等一系列疑点。

"综合这些情况，虽然我们无法直接证实大雷挪用了公司资金进行赌博，但这些异常让我们有足够的理由去怀疑这背后隐藏的风险"，小帅最后总结道。

评委们的讨论声此起彼伏。他们一致认为风险管理需要防微杜渐，对任何小的征兆都不应忽视。最终，评委们一致做出决定：否决该贷款担保项目。

（六）

一周后的某天，小帅在办公室里整理着新项目资料。在忙碌之余，他偶尔浏览新闻来跟踪实时热点。这一次，他点开热搜时，一个标题骤然吸引了他的注意——"化学公司老板经营假酒被捕"。

小帅点击进去定睛一看，照片中的人无疑是大雷。新闻报道了大雷如何巧妙地利用自己的化学品代理销售公司建立秘密工厂，大规模生产高仿假酒，再假借去澳门赌博获得高额收益等一系列复杂的金融操作洗白利润。

小帅的思绪瞬间回到了那日仓库中刺鼻的酒香和整齐的空罐子，这一切都指向了他当时未能完全理解的真相。而大雷的车辆出现在仓库附近，以及他频繁的澳门之行，这一切都不过是精心策划的掩护。

新闻中还提到了大雷在事情败露前与妻子离婚的消息，这也许是他为了给家人留下财产而采取的措施。真相被一一勾勒出来，大雷的精明和狡猾在这一刻展露无疑。

小帅愣在屏幕前，一股寒意从脊背升起。他深深吸了口气，放下手机，突然意识到，如果不是全面的尽职调查，担保公司可能会因为大雷的犯罪活动而遭受巨大损失，甚至卷入法律诉讼。

尽职调查中的细节

办公室的另一头，闻听此事的 B 角望着窗外，手中轻轻旋转着一支笔，心中反复咀嚼着最近发生的一系列事件。他与小帅共事已久，但这次的尽调经历无疑带给他前所未有的深刻体会。

他记得小帅曾经对他说过："在企业调研中，我们所面对的不仅仅是冰冷的数据和报表，更多的时候，我们需要洞察的是人性。企业的经营哲学、管理层的信用和操守，这些都是决定企业未来的关键。"这起项目中，很多细节虽然引起了他的注意，但没有想到这些小小缝隙的幕后还隐藏着如此巨大的秘密。

（七）

B角打开了笔记本，从这次项目经历中提炼出要点：在对企业尽职调查的过程中，透过现象看本质非常关键，它要求项目经理不仅仅停留在企业提供的表面信息上，更要通过细节深入分析和理解背后的情况。我们可以从以下多个方面来摸清企业的本质。

1. 财务分析：检查企业的财务报表，包括资产负债表、利润表、现金流量表等，分析企业的资产状况、盈利能力、现金流和负债情况，确保财务数据的真实性和可靠性。

2. 法律合规性审查：确认企业是否遵守相关法律法规，包括税务、环保、劳动法等领域。检查企业是否存在未解决的法律诉讼或争议，评估可能对企业的运营和流动资金产生影响的法律风险。

3. 市场调查：深入了解企业所处行业的市场状况，包括行业趋势、竞争对手分析、供需关系、价格波动等。这将有助于评估企业的市场地位和成长潜力。

4. 管理层评估：评估企业管理层的能力和专业性，可以通过面谈、背景调查和业绩评估等方式进行。

5. 运营分析：考察企业的内部流程、生产效率、技术水平、研发能力以及供应链管理等方面的表现，进而识别企业运营中可能存在的风险和效率问题。

6. 客户和供应商调查：通过与企业的主要客户和供应商进行交流，了解企业的声誉，这将有助于评估企业的持续经营能力。

7. 实地考察：到企业现场进行实地考察，观察生产环境、员工状况、仓储管理等实际运营情况，这有助于发现企业可能存在的问题。

8. 风险评估：分析企业可能面临的各种潜在风险，包括经营风险、市场风险、信用风险、合规风险等，并评估这些风险带来的影响。

　　总之，尽职调查是深入了解企业本质的重要手段，需要多角度、多层次地分析和判断，进而达到透过现象看本质的目的。保持适度的批判性思维，不轻信表面现象，尝试挖掘其本质及内在逻辑。

第二节　初露锋芒

一、与陌生行业为伴

汉朝儒士认为，圣人能"前知千岁，后知万世，有独见之明，独听之聪，事来则名，不学自知，不问自晓"。王充在《论衡·实知篇》中批判了这种观点："不学自知，不问自晓，古今行事，未之有也。夫可知之事，惟精思之，虽大无难；不可知之事，厉心学问，虽小无易。"一名担保项目经理应该怎样面对"陌生"呢？且待说来。

（一）

午间，阳光透过担保公司食堂的落地窗温柔地洒在桌面上，桌上的餐盘反射出温暖的光芒。小帅坐在窗边，手里拿着一份报告，慢慢地翻看着，似乎在等待着某个人的到来。这时，一道身影映入眼帘，一个略显青涩，拿着装满各色菜肴托盘的年轻人——小智走向他。

小智的脸上带着些稚气，眼睛好奇地打量着周围的一切。他的样子让小帅不由得想起了三年前刚入行时的自己，那时的他也是一脸的迷茫和好奇。

小智小心翼翼地坐在小帅对面，他餐盘里的菜色五花八门，就像是一个小小的美食博览会。小帅微微一笑，打破了两人之间的沉默，"公司食堂的午餐怎么样？"小帅用一种轻松的语调问道。小智抬起头，露出青涩的笑容："食堂的菜品多得让人眼花缭乱，比我大学食堂的菜品还丰富。虽然每顿饭总有几样难以下咽的黑暗料理，但在我入职这段时间，几乎每天都有新花样，我喜欢尝试新事物，所以每样菜我都会尝一点。"

相比之下小帅的餐盘就朴素许多，只有几样菜品，但营养均衡，刚好能够满足一个项目经理一天的能量消耗。"食堂的菜品确有不少选择，但时间长了，总能找到菜谱变换的规律，每天这样吃，也会觉得腻的。"小帅指了指自己的餐盘，笑着回应。

两人交谈间，小智忽然想起了下午的安排，他急忙问起下午即将拜访的企业情况。作为一个入职不久，刚刚参加过新员工培训的担保新手，小智对第一次的企业拜访充满了紧张与期待。

小帅淡定地告诉小智，这次的项目让他担任 B 角，需要帮忙核对客户的财务数据，检查尽调报告中的文字错误，以学习为主。"听起来很简单，但也不能掉以轻心。"小帅的眼神中透露出认真。

然而，当小智得知将要拜访的是一家改性塑料公司时，心中不禁泛起了波澜。化工制品的复杂性以及这一行业的专业性对于一个金融专业的应届毕业生来说，无疑是一个巨大的挑战。"我对塑料这方面不是很了解。"小智结结巴巴地表达了自己的担忧。

小帅也洞察到小智内心的忐忑不安，轻拍着小智的肩膀，传递着默默的

与陌生行业为伴

支持。他的脸上绽放出温暖的笑容，随后，以一种诚挚的语气将师傅曾经激励自己的话又讲给了小智："干我们这一行，一年可能接触三百六十五个客户，涉及三百六十五个行业，不可能都精通。我们只需做到在担保这一行中最专业就行。"

（二）

小帅和小智穿过繁忙的都市街道，来到了那家改性塑料公司的办公楼下。高耸的写字楼与小智心中预想的化工厂形象截然相反，这让他有些意外。玻璃幕墙反射着阳光，透露出现代化公司的气息。

进入会议室，他们得到了公司老板邓总和财务总监的热情接待。小帅与小智同两位高管握手致意后互换了名片，礼节性的热场后，他们便迅速而自然地切入了会谈的主题。

交流过程中，小帅以流畅而精准的提问，初步了解了公司的商业模式、运营现状以及财务状况，每得到一个答案，都以点头的方式传递着他的理解或认可。他所展现出的专业储备及对行业洞察的精准把握，让整个对话过程显得格外高效、顺畅。小智则在一旁静静地做着记录，尽管偶尔会遇到一些陌生的专业术语，但他仍然努力捕捉会谈中的每一个重要信息点。当提到 PC（聚碳酸酯）、PA（聚酰胺）、ABS（丙烯腈-丁二烯-苯乙烯共聚物）等专业词汇时，小智的笔尖有些停滞。他意识到，要将这些专业术语和他们的担保业务联系起来，还得在准备工作上下足功夫。

会议结束后，在电梯里，小智忍不住问小帅，他是如何在那种专业对话中保持从容的。小帅微笑着回答："其实我大学并没有学习相关专业，很多知识都是入职后慢慢积累起来的。要了解这些术语对我们的工作有何意义，以及如何将它们与客户的需求联系起来。别担心，等回到办公室，一起整理资料，我会给你分享我过去的经验。"

（三）

回到担保公司，两人各自拿起电脑，走进了一间安静的洽谈室。小帅先是发给小智几份重要的行业研究报告，让他对塑料行业有一个大致的理解。

　　小智知道，这些报告中精练的行业信息，也许能够解答他心中的困惑。他开始逐篇阅读，试图在对那些跳动的数据和专业的词汇加深理解。

　　而小帅坐在一边，静静地看着小智工作。他回忆起当初的自己，手忙脚乱地在信息海洋中寻找着立足之地。等小智看完报告，小帅开始讲自己的故事以及宝贵的经验："三年前，因为面试时口才不错，我被担保部的领导相中，从此踏上了一条全新的道路。我和你一样，毕业于金融专业，对业务满怀激情却不知从何下手……"

　　小帅继续讲述着，凑巧的是，他的第一个项目是一家专门生产汽车塑料外饰件的企业。但不巧的是，那时经验丰富的项目经理业务都很繁忙，他的项目搭档也是一位刚毕业，同样对行业知之甚少的新人。"当时我们面临的第一大难题，是沟通上的壁垒。我们很快意识到，无论是对话企业管理层，还是技术人员，或是行业专家，甚至企业上下游客户，我们都因相关的专业词汇积累不够而难以深入沟通，这大大影响了我们当时尽职调查的进度。"

　　他讲述了一次尴尬的经历："有一次，我们与企业的财务总监讨论完融资计划，我从洗手间出来后准备离开，无意中听到了财务总监在手机通话中对我们专业能力的质疑，他甚至向电话的那头提议更换担保公司，那种尴尬之情无以言表。"

　　"后来在我们深入分析企业的财务报表时，更是感到无所适从。我的搭档虽然是会计专业出身，但财务数据的分析必须结合行业特性，否则很难准确解读。当我们把觉得奇怪的账目向经验丰富的同事请教后，才恍然大悟，了解到这是行业内普遍的处理方式。"

　　小帅的话题接着转向了法务风险："我们在尽职调查时还差点犯下大错，未注意到企业生产的汽车零部件存在侵权的潜在风险，这让我们受到了风控负责人的严厉批评。"

　　"评审会才是我们真正'社死'的地方。面对评委们关于企业技术实力、研发潜力和产品未来前景的追问，我们回答不上来。这让我深刻认识到，如果不深入了解客户所在的行业，就无法准确地评估这些关键指标，无法判断企业在行业内的竞争地位，也无法预测市场需求和产品的市场接受度。这些因素最终会影响对企业未来现金流和盈利能力的预测，从而增加担保的风险。"

"即使项目最终得以落地，但在保后管理阶段如果项目经理对行业新趋势和变化不敏感，就可能在关键时刻捕捉不到风险信号，错失挽救项目的机会。"

小帅望向小智，眼中闪烁着鼓励的光芒："我知道你可能会觉得担保业务的道路坎坷不平，如同攀登崇山峻岭。但记住，这一切都是积少成多的过程。想象一下，它就像在食堂用餐，尽管菜品琳琅满目，每天的菜单均有所不同，但只要你坚持品尝，终究会发现其烹饪技法和调味手法的规律。小智，那天中午我看到你在品尝食堂里的各样菜品，你的那份探险精神，正是成为一名出色项目经理所需要的。要想在我们这个行业站稳脚跟，关键就是要保持这份探索和学习的热忱。这样的求知欲在快速发展、以技术为驱动的高科技领域尤为重要，它能够激发我们对新知识的渴望，对变化保持开放的心态。"

小帅顿了顿，目光坚定："这份好奇心不仅仅是对新事物的追求，还能够帮助我们在复杂多变的商业世界中迅速应变，更能够激发我们创造性地思考问题，探索多种可能性。"

听了小帅一席话后，小智眉头紧锁，心中的迷雾似乎更加浓重，他唯一确信的是，小帅的口才的确如他所说的一样优秀。小帅意识到，小智需要的不仅仅是指导，还需要时间去沉淀和消化这些信息。他给了小智一个友好的微笑，示意他不必急于一时。

（四）

第二天一早，刚上班的小智打开邮箱，发现了小帅发的一封邮件，小智的眼睛在屏幕上快速扫过，心中的困惑像晨雾一样逐渐消散。小帅邮件中的文字极为耐心和细致，他不仅回顾了昨日的对话，还根据小智的困惑，提供了更为具体的指导和建议。当缺乏对企业所在行业的专业知识时，以下这些方法有助于补强短板。

首先，你需要自己静下心去学习。利用在线视频平台和知识教育网站上的相关课程，高效地获取行业专业知识。在研究券商等机构发布的研报时，应优先从掌握每个行业及其子市场的基本知识和专业术语开始。一个实用的技巧是学会将复杂的技术概念转化为非专业人士也能理解的商业语言。另外，不要忘记参考同行业其他企业成功或失败的案例，通过对比学习可以加深理解。

其次，对于项目经理来说，丰富行业知识是一个持续不断的过程。定期翻阅最新的行业资讯、深度分析报告，相关新闻摘要和行业期刊，也是持续更新知识库的有效手段。同时，专注于跟踪你所擅长领域内的企业和技术进展。

再次，培养与客户企业管理层、中层员工等关键人物进行深度对话的能力，洞察他们对自己企业的见解。实地考察企业的生产基地和研发基地，理解企业的运营现状、生产过程和技术实力。这样有助于获得最直接、最真实的行业洞见。

最后，在遇到高度专业化的问题时，除了向同事寻求指导，你也可以向该领域的专家或顾问寻求建议。通过对比来自不同渠道的信息，你可以获得更为全面的答案。

关于昨天提及的好奇心，想要持续培养并保持这一宝贵品质，需要的是一颗开放的心。应不断地接纳并探索新奇的事物、深奥的知识和多元的视角，不要将自己囿于专业领域的小圈子，而应拓宽视野，关注跨行业的动态、不同文化的发展和科技的前沿，保持对这些领域的学习热情。面对工作中涌现的新理念和挑战，要力求深入理解，探寻事物的根本。这些行动将帮助你在不断变化的担保行业中，保持思维敏捷和专业精进，为你的职业生涯打下坚实基础。

二、平凡的项目经理与他的传统项目

《平凡的世界》中，路遥写道："即便是最为平凡的人，也必须为自己世界的存在而奋战。"每一位在企业幕后默默付出的项目经理，都是自己人生故事的主角。哪怕是其中最普通的一员，也能凭借专业的服务，谱写出非凡的担保篇章。

同样，正如诗人威廉·布莱克所言："一沙一世界，一花一天堂。"让我们拨开浮躁，沉下心来，不必好高骛远，以一粒沙的耐心和一朵花的细腻，去发掘那些被忽视的却闪耀着光芒的传统项目。

（一）

在城市的一角，一栋朴实无华的写字楼内，小凡坐在他的工位前，眼前堆满了各类文件及报表。窗外的天空已经渐渐暗下来，而他的眉头却皱得越发紧了。入职三年的他，在这家小有名气的担保公司里一直勤勤恳恳，但业绩平平。三十岁的他，生活中的平凡似乎已经成为一个无法摆脱的标签，当初能入职这家还不错的担保公司，像是他人生中的一个小意外。

最近，工作上的瓶颈让小凡倍感焦虑。作为项目的A角，他发现每次把资料发给同事后，就像石沉大海，毫无音讯。小凡亲自跑去问时，同事们总是以手头工作繁忙为由，不愿意担当他的项目B角。这一次，有一家自诩为数智化平台的公司，小凡觉得潜力无限，却始终没人愿意与他并肩作战。

小凡鼓起勇气，敲响了部长璋哥的办公室门。璋哥看到平时不太主动的小凡，一抹惊讶掠过他的脸。"小凡啊，来来来，这边坐。"璋哥热情地招呼着，"最近有什么新的进展不？"

小凡如实陈述了他的困境。听闻小凡的困惑，璋哥的表情变得深沉。

"你说的那个数智化的公司，资料呢？"璋哥提起兴趣。

小凡递上了手中的公司PPT和他自己搜集的行研资料。璋哥接过，翻阅了片刻，眉头渐渐皱起，直觉告诉他，这家公司所谓的数智化，实际上远没有听起来那么高科技。

　　小凡始终不解，为何同事们纷纷回避做这个项目的 B 角。他们是看不见他所看到的潜力，还是有其他隐忧他未曾觉察？

　　璋哥的声音中带着一丝疲惫，却也透露出对行业变迁的敏锐洞察："最近的评审会上，高新技术企业占据了主导地位，无论是半导体、生物医药、新能源，还是新材料，大部分都是些专精特新的明星企业。"他叹了口气，"这种转变不仅给我们评委带来了学习上的挑战，也使我们不得不对这些充满活力的行业进行深入的了解。"璋哥的话如一盏明灯，照亮了小凡心中的迷雾。

　　小凡开始明白，一股追求新兴行业的风潮已经蔓延到了每一个工作岗位。项目经理们为了跟上潮流，纷纷选择进军那些看似"高大上"的行业，在这样的大环境下，小凡手中的这个看起来迷人但实际传统的项目，就显得不那么吸引人了。

　　小凡离开部长的办公室时，夜色已经深沉。街灯下，他的影子被拉得老长。小凡的心情复杂，他承认新技术和新行业的光鲜亮丽，但他同时坚信，即便是最传统的项目，只要挖掘得当，也同样藏着不为人知的价值。他下定决心，要努力去发掘这份被遗忘的宝藏。

平凡的项目经理与他的传统项目

（二）

第二天的朝阳刚刚升起，小凡就与璋哥协调好的一位新人项目经理一同走进了那家自诩数智化平台的 IT 劳务公司。公司的门面并不起眼，但门后的装修却颇具未来感，墙上的 LED 屏幕播放着公司的宣传片。

他们被引导至一间设计简洁的会议室，不久，一位自信满满的财务总监迎面走来，热情地握住了他们的手："欢迎光临，我是财务总监马总，很高兴你们来到我们公司。"

在聆听了马总对公司业务和融资需求的介绍之后，小凡决定直奔主题。他直视着马总的眼睛，单刀直入地询问了公司在人工智能和大数据领域的具体投入，以及所谓的"全面赋能行业数智化转型升级"的实际业务模式。

马总并未显出窘迫，而是从容应答："我理解您的顾虑。您可能怀疑我们公司在科技实力和技术深度方面的真实水平。但我告诉您，我们公司的最大优势在于人才资源的广泛性。多家知名的互联网公司和头部金融科技企业中都有我们输送的专业人员。从某种意义上说，他们的先进技术和研发成果，也有我们的一份贡献。我们是他们成长路上不可或缺的一环。"

小凡听后心稍有不安，马总对公司的定位和优势阐述得头头是道，似乎并无不合理之处。但他不确定这番话是否足以在评审会上打动评委，小凡的内心仍旧充满忐忑。

两周后，站在评审会上的讲台前，小凡的心异常平静。他手中紧握着的尽职调查报告是在对那家 IT 劳务公司尽职调查后，数天辛勤工作的成果，他没有让紧张影响自己的举止，而是淡定自若地展示了他的努力和发现。

在他细致入微的介绍之后，璋哥首先发言："我之前对这个项目有所耳闻，剥去其华丽的外表，它的本质其实就是一家劳务派遣公司，技术含量远没有它自己所宣称的那般高。"

副总经理随后发言，他的分析同样直击要害："我注意到，这家公司的员工在其客户公司中主要负责的是测试工作，这在 IT 行业属于重复性高的劳动密集型工作。尽调报告显示，这家公司有一半员工的学历仅止于大专，而本科毕业生占了另一半，硕士及以上学历寥寥无几。员工的整体素质在他们的人均创收上得到了体现，每年大约 15 万元。考虑到当前激烈的市场竞争，此类技术含量不高的公司存在被市场淘汰的巨大风险。"

评委们对这家公司的评价并不高，其中一位评委甚至带着玩笑的语气评论起了外包员工的工作性质："那些从事人工智能数据标注的员工，他们的工作基本就是识别图像中的物品，这种低技能工作甚至小学生都能完成。"他接着说道，"至于那些视频和直播平台的审核员，他们的心理压力可想而知，公司对他们的精神损失费开支可能不会小。"

随着那位评委略带戏谑的言辞，会议室里响起了一阵轻松的笑声。尽管这些话可能并非评委的本意，但无疑反映出了一种对于这类传统项目的普遍看法。

（三）

评审会最终的结果对小凡来说确实是个打击，只批准了原定融资计划一半的贷款额，这对他和客户来说都是一个难以接受的结果。尤其是在会上，他的项目还成了不少人眼中的笑料，这让他感到了深深的挫败感。

然而，小凡并没有就此放弃。他决定深入了解 IT 劳务公司，直接与公司的老板朱翔会面。谈话中，小凡被朱翔踏实务实的作风所打动，认为他是那种默默做实事的企业家。通过与朱翔的交流，小凡确信这家公司虽然不起眼，却有着坚实的基础和成长的潜力。

为了进一步确认自己的判断，小凡走访了公司的其他基层员工，这些面对面的谈话加深了他对公司文化和运营状况的理解，他发现员工们普遍对朱翔的勤奋和正直持有高度的认同。

这次深入的调研使他对 IT 劳务公司的认识更加全面和立体。回到公司后，小凡没有丝毫犹豫，立刻开始重新调整上会报告，整理新的数据，准备在下一次的评审会上全力以赴。

当小凡再一次踏上评审会讲台时，他察觉到评委们在得知即将审议自己的旧项目时，脸上都掠过一丝谨慎。尽管如此，小凡并未失志，他深知这是他重塑项目价值，展现其光芒的重要机会。

他从容地开始了汇报，这一次他的陈述更为深入，更具说服力。他将 IT

劳务公司的价值和潜力从四个方面展现给评委们。

首先，他指出 IT 劳务公司自成立以来的五年时间里，始终保持着良好的财务状况。他详细地展现了公司的现金流量表，现金流的增长曲线稳健，尤其在全球经济遭遇金融危机的动荡时期，该公司经营依旧稳定，员工的薪资没有出现过任何拖欠的情况，这一点在业内可谓难能可贵。

其次，他提到了行业的趋势。小凡描绘出了互联网和科技领域近年来的爆炸性增长，以及这一增长带来的是对那些流动性高、技术要求相对较低岗位的 IT 技术人员的大量需求。他进一步指出，传统行业如金融业、制造业等在数字化转型的过程中，对于 IT 劳务派遣的需求同样有显著提升，为公司开辟了更广阔的市场前景。

再次，小凡着重谈到了公司的核心——老板朱翔。他以员工们的反馈为依据，描述了朱翔勤奋、踏实的工作作风，以及他在员工心目中建立的良好形象，这些不仅凝聚了员工，也为企业文化的塑造提供了坚实的基石。

最后，他重点介绍了公司在人力资源管理上的创新。他用管理不同规模担保公司的难度作对比，向在座的评委们生动地阐述了管理上百甚至上千名员工的复杂性。他展示了公司如何将国外成熟的 IT 管理理念与国内领先企业的管理经验相结合，经过反复试验和调整，最终形成了一套高效的 IT 人力资源管理体系。正是这一体系，支撑了公司在激烈竞争的市场中稳步前进，保持着公司的竞争优势。

小凡的每一点分析都深入浅出，让评委们感受到了项目的深厚基础和发展潜力。他的汇报不仅立体展示了 IT 劳务公司的形象，也为评委们提供了一个重新审视这个项目的视角。小凡这番全面而具体的分析，让评委们开始认同。

在这个决定性的瞬间，小凡深吸一口气，他的目光坚定地扫过在座的每一位评委。他知道，现在是时候打破自己在公司长久以来默默无闻的形象，勇敢地为自己的项目发声了。"各位专家，我明白传统项目在当前的风口浪尖中或许不够抢眼，但我坚信，我们作为普惠金融的践行者，不应该仅凭项目的传统性就对它们有所偏见。"小凡的声音透着一种平静的力量，"科技前沿的公司固然耀眼，但能够在尖端领域中崭露头角的，终究是少数。"

他顿了顿，让自己的话语在会议室中回响，"大多数企业，是那些可能没有高科技光环，却在各自行业中稳扎稳打，默默耕耘的普通公司。他们虽不张扬，却是经济体系中不可或缺的组成部分，他们的融资需求同样迫切。"小凡的双眼中闪烁着对这些企业的深刻理解。

"更值得我们注意的是，"小凡继续说道，语气更加坚定，"这些传统企业能在快速变化的市场环境中稳健生存，并非偶然。许多企业在这个过程中孕育出了自己独到的经营策略和管理智慧。他们的成功，虽不被外界广泛颂扬，却同样值得我们的尊重和支持。"

小凡的话语为评审会带来了一丝沉思的静谧，他所表达的不仅是对 IT 劳务公司的信念，也是向所有普普通通但坚韧不拔的企业致敬。他的发言引起了评委们的共鸣，他们开始重新审视眼前的项目，思考这个传统企业所拥有的真正价值。在接下来的讨论中，评委们不再保留，开始认真地评估起项目的实际潜力。最终，他们通过了 IT 劳务公司原定的完整担保额度。这个结果对小凡来说，是他坚持和努力的最好回报。

（四）

此次项目过后，平凡的小凡继续在担保公司续写着他不平凡的故事。

得益于小凡的坚持和努力，IT 劳务公司获得的那笔担保贷款，为公司后续的融资活动奠定了坚实的信用基石。银行界开始重视起这家曾经无人问津的公司，它们纷纷展开了合作，为朱翔的公司提供了直接贷款，信贷通道的开通无疑为公司的发展注入了强大的动力。

而在朱翔计划进行股权融资的时候，首先想到的正是小凡和他所在的担保公司，朱翔没有忘记曾经在困难时刻伸出援手的人。担保公司因此有机会以较低的估值参与到股权投资中，成为朱翔公司成长路上的一部分。

随着时间的推移，朱翔的公司不仅稳健发展，更是一跃成为资本市场的新星，顺利完成了上市。而担保公司，凭借早期的投资，获得了远超预期的丰厚回报，投资收益高达数十倍。那个曾经几乎被忽略的传统项目，如今已成为公司对外宣传的骄傲，是所有员工口中津津乐道的明星案例。

在一次普通的业务分享会上，身为万千平凡项目经理之一的小凡分享了他的经验。

在工作中，应保持开放的视角，不仅关注市场的热门趋势，也要对传统行业中的项目进行全面和深入的分析。这样做有助于发现那些可能被市场忽视，但实际上具有良好发展前景和稳定回报的投资机会。通过这样的策略，我们能够把握更多元的业务机遇，确保在动态多变的市场中能够实现稳健的回报。

在担保和投资领域，所谓的"传统行业"通常指那些存在已久、成熟稳定、增长相对缓慢的行业。尽管当下市场对于高科技和新兴行业的项目热情高涨，项目经理们纷纷追逐其光芒，但不可忽视的是，传统行业依旧在经济舞台上扮演着至关重要的角色。当众人目光都聚焦于流行热点时，那些位于传统领域的高质量项目往往被轻视甚至低估。逆流而行，深入这些逆势的领域，恰恰可能触及市场所忽略的珍贵机遇。传统行业不仅拥有稳健的现金流和经过市场考验的成熟度，就连那些表面上平平无奇的传统项目，也往往孕育着可观的投资价值与稳定的收益潜力。特别是在某些细分市场或特定的运营模式上，传统行业公司可能会展现出独到的优势。

对于担保和投资机构而言，深究这些企业的经营现状、市场定位、管理团队等关键因素，是发掘那些拥有增长潜力项目的智慧之举。从事担保业务时，也要注重项目的实质效益，而非仅仅沉迷于项目光鲜的表面或是迎合时下趋势。传统企业项目若在能接受的风险敞口之内，对担保公司所肩负的普惠金融使命来说同样是一笔宝贵的财富。

项目经理对传统型企业进行尽职调查时，需要对企业可能面临的这些劣势和挑战进行评估。

1. 增长潜力有限：传统行业往往成熟且饱和，因此它们的增长速度可能不如新兴行业或高科技行业那么快。

2. 创新难度大：传统行业中的企业可能在现有的业务模式和技术上已经形成固定思维，因此对创新和变革可能缺乏足够的动力和能力。这使它们难以适应市场变化和新兴技术的冲击。

3. 竞争激烈：由于传统行业的市场通常已经被现有的大型企业所占据，新进入者面临的竞争压力很大，需要较大的资金和资源投入才能获取市场份额。

4. 政策和监管风险：传统行业往往受到更严格的政策和监管约束，例如环保法规、劳工法律等。这些法规的变化可能会给企业带来额外的成本和合规风险。

5. 技术颠覆风险：随着科技的进步，传统行业可能会受到来自新兴技术的冲击。例如，电动汽车和自动驾驶技术的发展可能会对传统汽车行业造成重大影响。

6. 资本密集型：许多传统行业，如基础设施和制造业，通常需要大量的资本支出来维持运营和扩展。这可能会限制企业的灵活性，增加财务风险。

7. 周期性波动：传统行业的需求往往与宏观经济周期紧密相关，因此在经济衰退期间可能面临较大的业务波动。

传统行业的公司也具有一些明显的优势。项目经理在评估传统行业项目时，应仔细分析这些优势，并结合担保公司的风险偏好和业务目标来制订融资担保计划。

1. 稳健的财务及现金流：传统行业的公司往往拥有成熟的业务模式和稳定的客户基础，能够提供健康的财务数据和预测性较强的现金流。

2. 市场地位强：许多传统行业的领军企业具有稳固的市场地位和品牌认知度，这使它们能在行业中保持竞争优势。

3. 抗经济周期能力：部分传统行业，如必需消费品和医疗保健，不太受宏观经济波动的影响，即使在经济低迷时期，需求也相对稳定。

4. 成熟的供应链和分销网络：传统行业的企业常常已经建立了成熟的供应链和分销网络，这有助于保持运营效率和成本优势。

5. 政策支持：像能源、基础设施、农业这类的传统行业可能会获得政府的政策支持和补贴，这可以为相关企业提供额外的增长动力。

6. 改革和效率提升潜力：传统行业的公司通常存在改进运营效率和降低成本的空间，通过战略性的改革和技术升级，可以实现利润增长。

7. 经验丰富的管理团队：传统行业的公司往往拥有经验丰富的管理团队，他们对市场有深入的理解，能够在复杂的商业环境中稳步推进公司发展。

渐入佳境

第三章

第一节　竿头日进

一、夯实基础方能"芝麻开花节节高"

人生宛如那棋局，井田分布，阡陌纵横。行走其间，各有选择，或是稳扎稳打，或另辟蹊径。那些惊艳一时的"妙手"，固然让人拍案叫绝，而那些脚踏实地的"本手"，一旦被忽视，便会不小心成为自乱阵脚的"俗手"。

在人生的征途上，初出茅庐的担保项目经理尽管角色各异，但面临的难关却惊人地相似。或急于求成，被时代的浪潮无情席卷；或怀揣一腔热血，想一举成名。他们却往往忽视了那些行之有效的"本手"——规则、制度和严谨的精神。结果，那些投机取巧、打破规矩、轻视传统的做法往往落得一个"俗手"的下场。真正想要走得长远，又想有所作为的，必须在"本手"的基础上，稳扎稳打。

（一）

谈到项目来源这事，得从 1997 年 7 月说起。那时候滨海市一家名为璞玉的生鲜公司悄悄地串起了天南海北的美食，成为商场的新贵。虽然其规模增长没有那么显眼，但论起在滨海市建生鲜仓库和加工坊的元老，则非他莫属。其生鲜种类琳琅满目，品质上乘，生意做得顺风顺水。多年来，生鲜公司跟各大超市都非常熟络，也挣得了不少荣誉，如"省生鲜龙头企业""省生鲜十强企业"以及"滨海市知名品牌"等。

生鲜公司的名号，在小帅刚入职那年就常听他的师傅提起。那时小帅仅仅知道它是个卖场大户，而这样相对优质的企业资源通常不会像天上的馅饼似的掉入刚入职的担保项目经理嘴里。说到这儿，咱先来聊聊，担保项目经理的项目来源。

首先，得数银行的客户经理，他们会把那些缺少抵押物或者风险难以权衡的中小企业引荐过来。至于这些客户经理给担保项目经理推送的企业质量如何，那就得看他们平时相处得怎么样了。那些老项目经理通常都会注意面向多家银行，建立多条信息渠道，组成项目信息网。

其次，项目传承也是担保项目经理们屡见不鲜的获客方式。其常见于老项目经理与新项目经理的师徒关系间，或离职项目经理的项目托管场景。

再次，担保项目经理主动找企业上门拜访也是一种常态化方式。这需要担保项目经理有敏锐的眼光、丰富的业务经验以及良好的语言表达能力。

最后，企业老板之间的推荐。企业老板会把专业、严谨、可靠的项目经理推荐给其他存在贷款需求的企业家朋友们。

回到生鲜公司这个项目上，当一道奋斗五年的同事另谋高就时，这个"馅饼"转到了已成长为成熟项目经理的小帅手上。虽然小帅的业务能力已出类拔萃，但生鲜公司仍称得上大客户，其单笔业务的担保额度不是小数目，它稳如泰山的销售收入和利润，也让其与多家银行结下了不解之缘。对小帅来讲，就算这个"馅饼"交到了自己手上，但能不能吃得下，还得看自己的本事。

（二）

为了获得项目资源，小帅首先需要跟企业以及其实控人进行接触。项目接触的首要目的是判断某一项目是否符合受理条件，对于不同的担保公司，他们挑项目的眼光和受理门槛也各有千秋，要说这其中为何存在差异，主要还是在于这些机构的经营宗旨、筛选企业的眼光，以及他们驾驭风险的本领和手腕不同。实际上，担保公司在担保业务受理的基本条件上也有共性，即：（1）具备一定的还款来源；（2）信用过硬，且具有还款意愿；（3）能提供一定的反担保措施。

揣着早已熟烂于心的受理条件，小帅初次登门拜访生鲜公司，见到了不久前刚成为生鲜公司掌门人的老何。在老何坐上掌门人位置后，管理层的作风一改往日，开始变得保守起来。在与老何的初次交谈中，其最常挂在嘴边的就是"不缺铜板，银行的钱够花，尔等成本高"。初次接触下来，小帅认为企业已有的银行贷款额度对于该公司来说已是绰绰有余。但小帅也发现他们对小额贷款和典当业务不甚了解，于是连珠炮般，一遍又一遍地向老何和财务总监输出公司的其他融资业务。这番功夫终究没有白费。不久，小帅得知企业想在周边城市置地，而银行的资金有所限制，资金缺口也随之而生。良机难得，必须紧紧把握。

（三）

2022 年 11 月 11 日那天，小帅与项目 B 角一同前往生鲜公司进行尽职调查。所谓尽职调查，是指项目经理在获取企业信息时，坚持信息全面、真实、准确和有效性，对目标企业或项目的所有相关事宜进行详细的研究和分析。对于不同的行业，尽职调查也往往需采取不同的考察办法。通常来讲，既包括非财务因素调查如企业基本情况、行业及市场情况、企业资信状况等；也包括财务因素调查如资产及负债核实、销售收入和利润核实等方面。按照上述方法，小帅在尽调生鲜公司的过程中，发现其具备的几点优势：（1）保鲜库房充足；（2）贷款余额多年稳定；（3）十几年风风雨雨，企业的销售模式稳如磐石，下游客户中也不乏名门大户；（4）家族世袭经营，股东之间亲如一家；（5）与小帅所在的担保公司合作期间，企业的历史还款记录一向正常；（6）该行当属民生之本，并且具备一定的渠道门槛。

当然，尽职调查过程中小帅也发现了一些不足。（1）老何与前任老板在经营理念上存在分歧，老何对资本运作颇感兴趣，有对外投资的想法，甚至有换股之意。但后续通过小帅和老何之间的不断交流沟通，最终让老何放弃了换股之念；（2）生鲜公司报表上的销售收入仅占总收入的 50%～60%，剩下的收入中，有些难以核实。

（四）

尽职调查结束后，小帅用五天时间搜集、汇总、核实、整理了生鲜公司的相关资料，在此基础上进行了综合分析，完成了评审报告，并将报告提交到部门的项目预审会。小帅所在的担保公司是行业中的老字号，其评审报告具有一定的代表性。评审报告主要由九大部分构成：项目基本情况、企业管理分析、产品及技术状况分析、行业及市场情况分析、产品制造、企业资信状况、财务分析、安全保障措施分析以及项目评审结论。评审报告除了要围绕上述九个方面的内容来写，还要把企业申请担保的金额、期限、用途、还款来源等信息交代清楚，最后要附上项目经理 A 角、B 角的尽调结论，如是否同意担保等。

结合生鲜公司这个项目以及小帅的经验，小帅认为评审报告的第四部分——行业及市场情况分析，是非常重要的。担保项目经理通过对这一部分的准备，一方面能够以宏观的角度审视企业的现状；另一方面则能深入了解企业所处行当到底是怎样的，如：是否处在某个风口上？此行业有什么独到之处？国家的方针政策对它具有护航作用还是会带来不良影响？企业的竞争对手们又是什么情况？更关键的是，借助分析一个企业，可以进一步对整个行业有所了解。尤其日后和企业老板对话时，能够精准地指出企业运营中可能遭遇的坎坷。通过了解一个企业来了解一个行业，对个人的成长而言，那可真是大补丸。

另外，在评审报告中仔细比较企业的优势与劣势，也将有助于项目的顺利过会。例如，在生鲜公司的一笔小额贷款项目中，小帅虽然只谈下了税后价值 90 万元的物业作为反担保措施，但小帅所在的担保公司还是为企业做了一笔 2000 万元、期限 4 个月的小额贷款，这归因于小帅在展示评审报告时，让评委注意到了企业发展的优势，也因此提高了这个反担保较弱项目的过会可能性。

（五）

纵观与生鲜公司合作的历程，小帅虽经历了众多曲折与分歧，但他始终坚持积极沟通和理解，因为这是维持与企业稳固合作的重要保障。回头来看，小帅与生鲜公司的业务合作已经多达 11 次，包含的业务种类灵活多变（如贷款担保、小额贷款等），贷款期限长短巧妙结合。而这其中，绝大多数业务的安全落地都得益于担保公司的项目评审会。

项目评审委员会可是担保公司的核心部分,它通常会对项目的技术水平、发展前景和潜在的技术风险进行一番深入的探讨和评判,而这也将是担保项目能否实施的决策依据。项目评审委员会一般由股东代表、高级管理层、资深业务人员、外聘高级技术专家等组成,他们定期或不定期地举行会议对各个项目进行"过筛子"。

记得当年生鲜公司的首笔 2000 万元、期限 12 个月的贷款担保业务结束后,企业想要用担保公司的自有资金续上一笔 1 年期的贷款,项目评审委员会的专家们提出了更换评估值更高抵押物的要求,以及增加老何家族核心成员的个人担保和生鲜公司企业担保作为附加条件。这些条件看似平常,但有时也会遭到企业的排斥和拒绝。此时,在满足项目评审委员会要求的前提下,如何有效地向企业解释就显得尤为关键。在生鲜公司这笔业务的处理上,小帅首先选择与放款银行沟通,确保只需担保公司签署生鲜公司的企业担保即可;同时,凭借之前的合作,小帅在签署个人担保事项上向企业阐明了其不可或缺的缘由。多次沟通之后,企业最终还是接受了项目评审委员会的条件,替换了税后价值 366 万元的抵押物,并且新增了生鲜公司三位高管的个人保证以及企业保证。业务过程虽复杂,但项目评审委员会的专业、严谨帮小帅在之后的业务中制定了充分的反担保措施,大大提高了贷款安全性。

在小帅与生鲜公司合作的 1600 万元贷款担保业务中,生鲜公司提出,原本要抵押的房产因老何个人缘由需更换为另一套房产,抵押物税后价值由 403 万元降至 267 万元。经过项目评审会专家的专业判断,鉴于企业经营稳健,最终同意把抵押物调整为新房产加 75 万元保证金。企业随后提出退还保证金的要求时,经过小帅与评审会的协调,评委们也没发表异议。此后,在续做这笔贷款担保业务时,由于大环境的变化和生鲜成本的上涨,企业利润率有所下降,项目评审委员会建议将贷款担保方案从 1600 万元调减至 1200 万元,期限从 12 个月延长至 18 个月,企业对此表示理解并接受了小帅的方案。

(六)

在与生鲜公司合作的历程中,沟通与理解固然重要,但这些都是建立在扎实的贷款担保业务技能与丰富从业知识基础上的，夯实基础才是小帅与客户间形成稳固合作的重要保障。从保前环节来看，项目来源、项目接触、项目尽调、评审报告、项目评审会都需要项目经理具备扎实的基本功。企业自身要想在这个竞争激烈的商海中扬帆远航，少不了稳妥的融资方案。而融资担保项目经理只有通过细致的尽责调查和风险评估，才可以给企业量身打造出最合适的融资方案，并把融资过程中的风险降到最低。

夯实基础方能芝麻开花节节高

在与生鲜公司老板老何打交道的过程中，老何不断给小帅推荐身边的企业来肯定他的专业能力，其中不乏老何的侄儿和邻居。有了老何的引荐，小帅后继业务的推进也顺风顺水。由此可见，中小企业要想站稳脚跟，持续发展，就少不了知识和阅历丰富的担保项目经理为其带来靠谱的融资方案。

在小帅与生鲜公司携手的那些日子里，双方从最初的2000万元的贷款担保业务，一步步拓展为6900万元融资（包括三家子公司）的合作规模，小帅业务开拓的脚步也愈加稳健，在说话遣词、控局运筹和待人接物方面都有了很大进步。2022 年，小帅为生鲜公司筹集了 2200 万元贷款，期限三年，届时合作之舟将驶向 2025 年。"夯实基础，破浪前行"，想成为担保行业内的一名精英，其实也不复杂：练好基本功，与企业保持畅通无阻的交流，洞察企业的渴求，认真对待每一环节。小帅深信，唯有夯实基础，方能在贷款担保业务中驾驭风浪，稳健前行。

二、巧用保后管理，妙手扭转乾坤

自 2013 年那个春风送暖的日子，小帅踏上贷款担保的征途，如今已十一载，光阴荏苒，倏忽间，手上打理过的项目不知不觉已有很多。斗转星移间，小帅也在不断成长。在这段岁月里，小帅从初出茅庐的一介书生，跟随着那些历经沙场的项目经理们，攀山越岭，攻城掠寨。小帅有幸得担保高手传道授业，也在风云变幻的商海中不断锤炼。见过那些深耕细作、匠心独运之企业，亦见过玩弄手段、营造概念之虚妄。细细回想，这些年来的劳作与汗水，无不印证着他成长的轨迹。而轨迹中浓墨重彩的一笔，要数那巧用保后管理化解出险危机的经历。

（一）

滨海市有一家机械配件公司，这家老字号的前世今生可谓滨海市工业发展的缩影。早在 1967 年，在那个电流如同血液般流淌在城市中的时代，机械配件公司是滨海市工业局麾下的一颗新星，一家纯粹的国企。到了风起云涌的 20 世纪 90 年代，凭借近 40 载岁月的沉淀，机械配件公司已成为当地经济的一根主心骨。这家公司生产的配件在行业中威名远播，省内客户争相抢购，而滨海市及其周边的市县机械厂，也都是其忠实而稳定的客户。然而在起伏不定的浩瀚商海中，潮起潮落的自然规律也隐隐预示着机械配件公司业务将在科技浪潮中逐步萎缩。2008 年以后，机械配件公司从最初的全市焦点变成了全是"焦点"，滨海市不得不年年救济，使其勉强度日。

随着机械配件公司通过股份制改革从国有企业向民营企业转变，企业的经营状况渐渐好转起来。尤其是大徐担任总经理以来，新的管理团队让机械配件公司成为一只脱胎换骨的"凤凰"，在滨海市高新开发区重新展翅飞翔。新的厂房拔地而起，机械配件公司随之扩大规模，技术更迭，生产出了更高精密的配件。曾经的那个国有老字号随着新厂的建成投产而悄然退场。在此背景下，经常忙得跟陀螺一样的担保项目经理小帅获得了重大消息：早已脱胎换骨的机械配件公司短期内存在流动资金缺口。而纵观机械配件公司近几年的"战绩"单——2018年销售收入达到了4872万元，净利润高达416万元；而到了2019年，销售收入虽然有所回落，为4243万元，但净利润仍保持在400万元以上。这些数字，如同一枚枚勋章，镌刻着机械配件公司不凡的过往和辉煌，也让不少金融机构趋之若鹜。因此，当这一消息传来时，小帅就像是猎犬嗅到了猎物的气味，立马骑上"小电驴"，向那只展翅的"凤凰"进发。

停好"小电驴"，小帅站在机械配件公司门前，静静地"侦察"着，心想："哎，这公司家大业大，会存在贷款担保业务需求吗？银行的客户经理是不是又把我给耍了？"这个"又"字，不用小帅多说，不少同行心有戚戚焉吧。带着半信半疑的心态，小帅走了进去，微笑着对公司前台说："您好，我是担保公司的，来找大徐。""请跟我来。"前台工作人员领小帅进了会客室。不一会儿，老板大徐推门进来，小帅仔细地打量了一番，心想："可能50岁出头，一脸的阳光自信，看那一口焦黄的牙齿，想来是个老烟民。"

"咖啡就好，茶水有点涩，谢谢。"小帅凭借着自己丰富的经验先行一步，平和、自信又不失礼貌。"额，我平时咖啡和茶都不敢喝，刚想问你要不要喝热水。"大徐说道。那是一个十多秒钟充满尴尬的沉默。但这沉默在一定程度上也表明大徐不是个圆滑世故的人。随着对话逐渐转向正题，大徐聊起了公司的业务，一聊到自己的老本行及其经营理念，可谓滔滔不绝。小帅从谈话间感受到了大徐的干练和自信，想到大徐能够在机械配件公司处于经营低谷时毅然决然地从政府手中全资收购，足见其商业魄力，也从侧面印证了大徐的成功并非偶然。

在那个春风得意的午后，小帅结束了对大徐的访谈。回到公司后，小帅决定趁热打铁，如绣花般精细地准备好机械配件公司1400万元贷款担保业务的上会报告。小帅满怀信心地把项目提交到评审会，然而，评审结果却是绕不开的铁门槛儿——反担保。评委们指出这家企业销售规模虽然可以，但现金流却如涓涓细流。机械配件公司目前有1400万元的资金缺口，上会方案中用作反担保的土地价值仅为700多万元，风险敞口较大。即便如此，小帅依然觉得为机械配件公司和大徐努力争取一下是值得的。最终，出于对小帅以往专业能力的肯定以及对机械配件公司未来的期待，一位评委答应约上风控负责人，与小帅一起去企业现场探个究竟。而这番努力带来的成果得归功于小帅一直以来秉持的原则：一介金融从业者，须知客户乃至宝，对于每一位客户都应倍加珍惜。在确保风险可控的前提下，不仅要看重企业的第一还款来源，更要深入分析其潜在的第二还款能力。采用灵活多样的策略，力求降低风险，丝毫不可轻言放弃。

面对小帅一行人的二次登门，大徐也是坦诚相待：机械配件公司的销售额每年稳稳地守在 4000 万元的大关上，利润也相当可观，大约维持在 11% 的水平。然而，从 2020 年开始，机械配件公司决定购地，开启了固定资产建设的新篇章后，代表现金流的风向标便开始悄然转动。公司计划的总投资金额目前存在 1400 万元的资金缺口，当他们手握项目，满怀希望地带着宏伟蓝图走进了滨海市某银行分行后，接近 700 万元的风险敞口让该银行望而却步。

在小帅一行人同大徐交谈以及对企业进行现场考量后，风控负责人认为如果反担保措施设计合理，项目的风险将会在可控范围之内，该项目确定的反担保措施为：（1）机械配件公司三位股东质押自身 100% 的股权；（2）法定代表人大徐夫妇提供个人连带责任保证；（3）滨海市某知名餐饮企业承担连带责任保证；（4）机械配件公司以落在滨海市高新开发区的 216 亩地抵押，评估价值 713 万元。整体来看，机械配件公司的三位自然人股东将其股权全部质押，可有效控制其还款意愿。在个人连带责任保证方面，反担保措施中的保证人又称作"无限连带责任保证人"，一旦借款人无法履行还款义务，保证人即负有全部清偿债务的义务，不享有任何抗辩权。通常来讲，选择保证人有两个要点，一是关注保证人自身的能力和资质；二是关注保证人对借款人的制约作用。此案例中法定代表人大徐为机械配件公司实际控制人，设定夫妇双方为保证人，将其全部资产设定连带责任保证最为合适。而承担连带保证责任的另一家第三方企业，经营情况良好，现金流充足。因此，目前的反担保方案不仅有资产抵押，也有较强的第三方保证人保证，反担保措施的设置较为合理有效。就这样，一番快马加鞭的操作，二次上会后评委们齐刷刷点头，机械配件公司总金额 1400 万元的贷款担保项目得以落地，期限三年。还款方式是按月付息，按季度偿还本金。

机械配件公司的三位主要股东，肯质押自己的全部股份，这足以证明两件事：对企业未来发展的信心和还款的决心。而法定代表人大徐，作为公司的实际掌舵人，拿出了自己及配偶的全部资产作为连带责任保证，这无疑是对还款信念的一种捍卫。至于那一家第三方企业，它经营稳健，现金流健康，这些共同形成了坚实的反担保措施。

（二）

天有不测风云，谁也不曾料到，贷款到手后的大徐步子迈急了。机械配件公司急匆匆地将大把的钱投向了固定资产，但前期由于流动资金的周转需求，公司不得不拿出 1400 万元中的一部分用到别处救急。更让人心焦的是，拿到贷款不到半年，机械配件公司的销售收入出现了阶段性的萎缩。这样一来，流动资金就更加紧张了，原来的生产规模难以维持。同时，机械配件公司的工程建设已是开弓没有回头箭，若是停下来，损失将不堪设想。因为建设款项的日渐枯竭，新厂房就像老牛拉磨，一天天地拖着，新生产线无法投产，机械配件公司的生产经营也因此受到了很大影响。该项目也被担保公司的风控部列为"重点关注对象"。正因为机械配件公司在固定资产投资和流动资金之间缺少合理的分配规划，导致 1400 万元的担保贷款"两边都不够用"。在这个担保项目中，最强有力的反担保措施是土地抵押。按照评估，那块土地抵 713 万元。这跟公司的贷款额 1400 万元相比，还有不小的距离——680多万元。这个缺口，无疑给担保公司，尤其是小帅，带来了不小的压力。对于该项目的还款现金流，由于经济形势变化，先前的预测结果也不尽如人意，到每个季度该偿还本金的时候，资金就显得捉襟见肘。机械配件公司此时的工程项目骑虎难下，生产经营也步履艰难，流动性风险恰似暗礁，时刻传递着危险的信号。

作为一名普通的担保项目经理，面对这突如其来的难题，大多数人可能会选择逆来顺受，最后企业是否违约全赌在个人运气上。但实际上，面对这些风险的挑战，小帅需要主动自救，在这个阶段最可行的方式就是加大对机械配件公司的保后跟踪与管理力度。保后管理是担保业务中特别重要的一个环节，是能够"妙手转乾坤"的一招。小帅带领公司的风控经理在全面了解机械配件公司的困难和经营状况后，制定了一套风险化解方案。

首先，必须补救机械配件公司有效反担保不足的问题。经过小帅的积极沟通与对接，最终说服大徐在机械配件公司的反担保措施菜单上，增添了一道"新菜"：要求第三方保证企业每个月从自己的营业收入中，拿出 25 万元现金存入机械配件公司还款账户，以缓解机械配件公司归还贷款担保本金不足的情况。同时，小帅也绝不放过该账户资金流水的任何细节，全程监管贷款资金的使用情况，从销售到原材料采购，再到工程款项的支付，都做到了清晰掌握。

诚然，做好保后管理不能只靠小帅和担保公司一方发力，还必须想办法让企业积极配合，这就需要设计足够巧妙的方法，既能帮助到企业，又能有效缓释风险。于是，小帅深思熟虑后，特意上门为大徐献上妙策，以解决资金流不足的燃眉之急：大徐需要授意机械配件公司的销售部门在与客户签订销售合同时，坚持收取 10%～30% 的预付款，这个方法能够在一定程度上有效缓解流动资金紧张的问题，并且让机械配件公司的生产活动得以正常运转起来，逐步渡过难关。同时，小帅也在严格地监控着第三方保证企业每月存入补充还款的现金流状况。

不过，因为流动性不足的问题没有被彻底解决，机械配件公司接下来的订单出现不能按时完成的情况。这时的小帅虽然承担着巨大的心理压力，但仍积极为机械配件公司找"路子"。最终，小帅通过担保公司旗下的小额贷款公司为机械配件公司申请到了 300 万元的贷款额度，专门用来保证新签订单的完成。这笔小额贷款实行封闭运行的策略，一旦货款回笼，立即归还。

时间一晃，到了 2021 年的 8 月，机械配件公司搬到了新建的厂房。随着搬迁的完成，生产也终于回到了正轨。机械配件公司熬过了资金最紧张的那段日子。到了 2022 年末，他们如期还清了最后一季度的担保贷款本金，项目也就此顺利解保。

在小帅与机械配件公司携手共进的三年时光里，机械配件公司像是行走在荆棘丛中的勇者，历经重重困难，终于迎来了春暖花开的季节。截至2022年7月，他们已经能够取得7077万元的销售收入，570万元利润的傲人成绩，企业的经营画卷渐入佳境，步入了一个良性循环的发展阶段。

（三）

复盘案例整个过程，有许多关键点值得细细回味。对于项目经理来说，抓住客户的固定投入这个环节是至关重要的。调查清楚、掌握精准，是评估客户资金需求的关键。投资过多，资金可能会闲置，增加成本；投资太少，又可能达不到预期的盈利目标，终究会使企业步履维艰，陷入困境。而对于那些销售和利润年年攀升、产能确实需要扩大的客户来说，支持他们的固定投入，扩大生产是必要的。

首先，在操作担保项目时，项目经理要对客户的资金需求和投向进行精确测算，看这两者是否匹配，能否达到预期效益，以及投入后能否产生足够的利润和健康的还款现金流。只有这样，项目经理才能在项目调查的第一步站稳脚跟。

其次，在确定了贷款用途和额度之后，要深入分析客户的经营现状，包括市场前景、产品竞争力、技术实力等，这些都是判断客户发展前景的重要依据。

最后，要设定合理可控的反担保措施，它们不仅是担保公司的第二道防线，也是资金成功收回的关键因素之一。

而保后跟踪与管理，正是担保项目能否顺利收官的一把金钥匙。有时候，一些项目虽然"勉强"通过评审会，但企业处境仍有可能危机四伏。如果施展一套得当的保后跟踪大法，很多时候一个项目经理也能够妙手回春，化险为夷，甚至将危机转化成机遇。

这个项目的闪光点在于保后管理落实到位，通过精细化管理化解了风险。在监管到位、掌握真实情况之后，小帅携手担保公司的风控经理，在为机械

巧用保后管理，妙手扭转乾坤

配件公司量身打造策略时采取了双赢的态度来处理问题。同时，这个项目也成为一本宝贵的经验教训之书，为未来业务的保后管理操作提供了重要的参考。

　　该项目的保后管理是分阶段进行的。一方面，察觉到出风险苗头之后，小帅带着风控负责人与大徐进行了充分沟通，并签订监管协议，明确了监管人和被监管人的权利、义务以及违约责任等。另一方面，当项目渐入正轨后，保后管理便回归常规流程，即每月对企业进行一次现场检查。这样的管理策略不仅提高了管理效率，还适度降低了管理强度，并极大地提升了大徐对小帅所在担保公司的客户忠诚度和满意度。

　　担保公司的客户往往不能完全满足银行的信贷条件，有的抵押物不足，有的甚至没有抵押物可言。为了发展业务、降低风险，担保公司不仅需要在反担保措施上灵活变通，更要准确把握客户的还款现金流来源和未来的发展前景。因此，保后检查和管理的重要性不言而喻，通过保后管理降低风险、化解风险是完全可能的。只有保后管理到位，确保真实了解客户的情况，才能制定出合理的应对策略。同时，必须确保反担保措施得到执行，落实到位，以防出现纰漏。

第二节　肝胆相照

一、陪"潜力股"一起长大

繁华市井中，满身喜庆颜色的招财猫安详地端坐于一隅，优哉游哉地摆动着爪子，似乎在以独有的方式，迎接着财富和好运的到来。招财猫，这个充满温情的摆饰，正如担保公司一样，不仅给予了中小企业运势的加成，更有信心的注入。请读者从这只招财猫的视角，感受创业的艰辛过程与创业者不懈努力后收获的硕果。

（一）

在江北市高新科技园的一间办公室里，一个精巧的招财猫摆件正悄悄地向房间里的两个人招手。小芳是一个年轻有为的创业者，大学毕业后，决定将自己的创业项目进行孵化，并成立了一家名为大猫检测的公司。她的目标是打造一家领先的科技公司，用科技为人们带来创新和改变。

在这个公司注册成立的特殊日子，小芳的大学同学婉茹走进了新办公室。婉茹是一位在金融行业打拼的年轻女性，她看似平凡的外表下却蕴藏着对梦想的渴望以及对成长追求的决心。起初，她的家人反对她加入这家新公司，但她还是毅然决然地选择与小芳甘苦与共。

婉茹走近办公桌，注意到桌上的招财猫。她伸手摸了摸招财猫圆鼓鼓的肚皮，心中涌起一股暖意。她回想起当初小芳大学毕业时，送给她这只招财猫的情景。那时的她们还很年轻，对未来充满了憧憬和希望。

"我和婉茹都算1号员工吧！"招财猫在心中默默地想。它见证了小芳从最初的场地协调到装修设计，从办理各种证照到正式开业的全过程。它的眼睛似乎闪烁着光芒，仿佛在回忆公司成立以来的种种经历。当然，一些事情是它亲眼见到的，还有许多是在夜深人静听她们对项目进行详细复盘时了解的。招财猫知道，自己虽然只是个小小的摆件，但不仅代表着财富和好运，更承载着她们的梦想和希望。

大猫检测的第一项技术专利是小芳在读书期间发明并申请的，它被应用在手机玻璃前盖板外观缺陷检测上。凭借这项技术，小芳获得了全国大学生创业比赛的一等奖，这是她的努力和才华得到认可的标志。同时，她意识到这项技术的独特性和创新性极有可能为公司带来潜在的市场机会，但这些推测都为时尚早，当前成功接受市场的检验才是最迫切的。

初创公司第一笔业务的落地往往是最艰难的。那个寒冷的夜晚，小芳和婉茹穿着厚厚的衣物，蹲守在一个目标客户的工厂大门口，最后也不曾等来工厂老板。她俩没有放弃，在附近的旅店住下后，白天继续去工厂正门附近苦等。面对着寒风的侵袭和不确定的结果，她俩等待了整整三天。

好在功夫不负有心人，两人在四天后如愿见到了工厂老板，小芳和婉茹拖着疲惫不堪的身体，与工厂老板进行了艰难的谈判。软磨硬泡下，她们最终签下了公司的第一笔订单。当小芳和婉茹千恩万谢地走出工厂老板的办公室时，她们脸上洋溢着胜利的喜悦。要知道，这一笔业务的成功对她们和公司发展可都是重要的里程碑。

然而，创业的道路注定是充满苦涩的，半年后的某一天，招财猫第一次听到了来自小芳的抱怨，也感受到了她们面临的困境。起初，高新科技园为公司提供了100万元的创业启动资金，但很快就被用光了，现在，公司为了建立第一条检测线还在不断地烧钱，融资就自然而然地成为两人的燃眉之急。婉茹想通过她在金融行业工作时积累的人脉去银行贷款，奈何公司半年来只拿到了两笔订单，且提供不了任何抵押物，她的人脉在这种情况下显得苍白无力。

一个偶然的机会，婉茹听说科技园区将有一个金融驿站进行短期入驻。她抱着试试看的想法赶往现场。在驿站的前两个咨询台内，工作人员都表示无能为力，但她没有放弃，直到来到了一家担保公司的咨询台。

在那里，她结识了小帅，一个是担保项目经理，一个是在大猫检测的发展过程中发挥重要作用的角色。婉茹向小帅讲述了她们的创业情况，小帅听后并没有像其他人那样立即拒绝，他表示愿意约个时间去大猫检测的办公室聊一下。

第二天下午，在招财猫的注视下，小帅如约而至。他仔细询问了公司的技术和市场情况，并没有立刻给出婉茹所期望的答复，但承诺会尽力为她们公司申请纯信用担保产品。招财猫倾听着三人的谈话，仿佛看到了小帅为她们带来的希望。而婉茹也从小帅展现出的专业素质和丰富经验中看到，这位项目经理很可能成为她们克服困境的关键。

半个月后，在婉茹生日那天，小芳买来了小蛋糕为她庆生。仪式虽简单，但包含了小芳对婉茹的关心和祝福。在两人聊到创业的艰辛时，婉茹突然哭了起来，一旁的招财猫也感受到了她内心的痛苦和压力。就在这时，小帅的出现打破了悲伤的氛围。他兴致冲冲地告诉小芳和婉茹，一笔300万元的纯信用贷款担保申请通过了评审会，银行将很快放款。听到这里，招财猫悬着的手臂又欢快地摇摆了起来。这家小小的公司因为这笔贷款而获得了新生。她们将能够建立起第一条检测线，推动业务的发展，向梦想迈出坚实的一步。

（二）

没过多久，招财猫又看到小芳满怀喜悦地与婉茹击掌，庆祝她们的创业项目成功拿到高新科技园孵化公司的天使轮投资，这将为她们的发展提供强大的资金支持，帮助她们渡过脆弱期。不仅如此，她们还成功申请到了当地200万元的英才政策补贴。这笔资金也进一步加快了她们的发展步伐，为公司的壮大提供了有力保障。

此外，大猫检测的生产车间还获得了三年的免租期。这意味着她们可以在一段时间内不用为租金而烦恼。小芳的团队在手机玻璃前盖板外观缺陷检测技术上也有了新的进展。她们突破了行业瓶颈，创新出了一种高效率的机器检测方法，使检测效率比人工检测提升了10倍以上。这项技术的出现有助于加速替代进口检测设备，极大地提高了她们产品的市场竞争力。

当所有事情都在向好的一面发展时，新的挑战不期而至。小芳和婉茹在技术和市场方面虽取得了巨大进展，但在财务和人力资源管理方面却遇到了困难。她们并不懂财务和人力资源管理，而且创业初期也没有足够的财力来聘请经验丰富的人才。一年过去了，公司的技术和市场发展迅速，但财务账目却极不规范，绩效考核管理也一团糟。财务和人力资源管理对于一个公司的健康发展非常重要。没有规范的财务账目，她们无法清晰了解公司的财务状况和运营情况，也无法进行有效的资金管理和决策。而混乱的绩效考核管理则会影响员工的积极性和工作效率，就像古时候打仗，前方战事激烈，而后方的粮草军需却迟迟赶不上。这不禁又让招财猫担心起来。

小芳和婉茹需要找到一个既专业又可信赖的人来帮助她们。婉茹一度想到了小帅，但小帅只是一个担保项目经理，他的主要职责是完成业务。尽管他们目前存在一项担保业务合作，但这并不意味着小帅有义务来帮助她们，更何况他的时间和精力也有限。然而，小芳和婉茹并没有更好的选择，只能抱着试试看的心态，拨通了小帅的电话。对方出乎意料的支持让招财猫喜出望外，小手摆得格外卖力。

为了帮助小芳和婉茹，小帅结合多年的尽职调查经验，与她们一起制订了详细的财务管理计划。她们建立了准确的账目记录，制定了预算和资金管理策略。此外，小帅还找来了担保公司的资深人力资源专家，帮助她们建立了绩效考核体系，明确员工的目标和职责，制定了奖励和激励机制。同时，小帅也耐心地教导大猫检测的员工关于财务和人力资源管理的基本知识，帮助她们理清已有的账目。他相信，尽管这个过程需要时间，但小芳和婉茹具备克服困难的能力和决心。她们已经在技术和市场方面展现了自己的才华，相信她们也能够在财务和人力资源管理方面取得进步。

小芳、婉茹和小帅一起努力，形成了一个跨界合作的团队，共同解决了公司面临的问题。

陪潜力股一起长大

（三）

　　随着时间的推移，大猫检测逐渐发展壮大。小芳和婉茹虽然遇到了各种挑战和困难，但她们始终坚持着共同的目标。

　　最终，经过实践，大猫检测的手机玻璃前盖板外观缺陷检测装备已在行业龙头企业 BN 光学及工信部支持建设的首条工业 4.0 示范线上批量示范应用，填补了行业空白。她们又研发出手机玻璃后盖外观缺陷机测设备、丝印在线品控仪、背盖检测仪等全产业链产品，并拥有了完整的自主研发生产线。

　　同年，区政府给大猫检测额外配备了 21667 平方米的土地，供他们打造智能制造产业园。于是，新一笔融资需求产生了，各个银行的信贷经理可谓是踏破了门槛，接踵而至。但小芳和婉茹的融资方案很清晰也很简单：只接受小帅及其所在担保公司提供的融资品种和方案。而小帅也依旧虚怀若谷，凭借自身的专业性把最优质、最便捷、成本最低的融资方案推给大猫检测。

　　时光荏苒，岁月如梭。这不，上市公司大猫检测在小帅团队的努力以及其所在担保公司的增信支持下，成功发行了一笔总金额为 10 亿元的公司债券，并且创下了发行利率新低。

　　随着大猫检测的一步步发展，自有办公楼也顺利拔地而起。招财猫也来到了新环境，自己的空间变大了好多倍，甚至每天早上还有保洁人员给自己做个"清洁护理"。招财猫微微笑着，依旧在默默地祝福这个大公司、大团队。她们通过坚持不懈的努力和追求，已经创造出了属于自己的辉煌。那么小帅怎么样了呢？他好久没来小芳的办公室了。

小帅去年成功升任分公司总经理，在第一次分公司会议上，他结合自己的业务经验为广大担保项目经理总结了三点心得与体会。

1. 古语有云，虽无不羁之才，尤可务一心营职，一路走来，我虽然没有聪慧过人之处，甚至在有些方面能力也有不足，但对工作尽心的态度则是一以贯之的。再有，"君子见机，达人知命"，项目经理对于工作中的业务机会，是不应该轻言放弃的。

2. 担保业务是基石，是培养如何看懂企业的最佳思维方式，无担保基础，不建议贸然开展其他形式的融资业务。

3. 中小企业创业初期，往往在资金、人才、管理和资源方面匮乏。在这种情况下，项目经理需要通过自身的能力，甚至调动所在担保公司的资源来帮助这些中小企业，填补他们的短板，提供价值服务。陪"潜力股"一起长大，让他们感到有一个稳固的靠山，他们才会愿意与我们建立长期合作关系。这种客户契合度和忠诚度的形成，是一个贷款担保项目经理所能创造的最大价值。

二、市场开拓与《孙子兵法》

跌跌撞撞中，时间的齿轮转过几载，如何让业务体量更上一层楼，这实在是让每个担保项目经理都头疼的难题。项目的好坏，就如人间百态，参差不齐。一年四季转眼过，能真正落地的新项目也许就几个。大部分的资源人脉，可能不过是昙花一现的邂逅，一次相逢后便再无瓜葛。面对其他担保公司行家里手们的激烈竞争，如何求得市场的一席之地确实值得细细琢磨。

（一）

在担保这个充满挑战的行业中，璋哥是一位经验丰富的贷款担保项目经理。他精壮的身材和锐利的眼神展现了他的果断和决心。多年来，他带领团队应对各种艰难险阻，为客户提供可靠的担保服务，也因此赢得了一些声誉。

近年来，担保这一行业的竞争日益激烈，其他担保公司为抢占先机纷纷推出各种创新产品和服务，吸引了不少客户。见此状况，璋哥感到压力倍增。每天，他都泡在自己的办公室里，思考着如何让业务体量更上一层楼。他翻阅着行业报告，分析着发展战略，但仍然没有找到一个确切的方向。

时间在不经意间流逝，璋哥看着自己逐渐稀少的发量，心中的焦虑也逐渐加深。他知道，如果不能找到新的突破口，他和他的团队可能会被市场抛在身后，一败涂地。这不，又是一个沉思的深夜，璋哥独自站在办公室的窗边，俯瞰着繁华的城市，远处星点般的灯火，忽亮忽暗，正如无数商机在这座城市诞生和消失。璋哥正了正神，将身子半靠在办公桌前，点起烟，仰起头，狠狠地吸了一口。透过升腾的烟雾，他用余光看到了书架上被荣誉奖牌挡住一半的"兵法"两字。璋哥走近前去，将那本书抽了出来，那正是自己年轻时爱不释手的军事著作——《孙子兵法》。说到《孙子兵法》，那可是中国乃至世界兵学史上的一块里程碑，其影响力跨越时空，历久弥新。《孙子兵法》不仅被奉为军事战略的经典，更是被各行各业作为竞争与策略的参考书。在中国古代，许多著名的战役都可以从《孙子兵法》里找到影子。其中的"兵不厌诈""知己知彼，百战不殆"等理念，已经成为战争和策略中的金科玉律。更重要的是，孙武的思想也不只局限于军事领域，在现代管理学、心理学、商战策略等多个领域也广泛应用，影响着人们的思考和行动方式。

那么当《孙子兵法》与担保业务市场开拓结合时，又会迸发出怎样耀眼的火花呢？它是否能够让项目经理们在变化莫测的竞争环境中找到突破口，形成有效的市场开拓对策和心理呢？想到此处，璋哥迫不及待地将这本《孙子兵法》拿回到座位研读起来。

（二）

第二天一早，璋哥把整个团队招进了会议室，第一个问题就是："大家有谁知道'胜可知而不可为'在《孙子兵法》中的意思？"众人良思许久，资深项目经理小张站起身答道："'胜可知而不可为'的意思是胜利可以预测，但不可以强求。""那么这句话对我们在市场开拓中有什么指导意义？小张你能结合自己的业务经历来聊聊吗？"然而，即使经验丰富如小张，一时间也没办法做这样的联系性思考。

片刻后璋哥接过了话题，他脑海中首先浮现的是昨晚在本子上画的思维导图，随后打开了话匣子："在市场开拓中，我们经常可以根据一些因素和迹象，预测企业接受某笔担保业务的可能性，但即使机会很大，也不是一定能成功的。因为市场不仅取决于自身的实力，还受到竞争对手的实力和行动等多种因素的影响，而这些因素往往是项目经理无法完全控制的。那么这句话告诉我们什么呢？"璋哥环视了一周，并没有听到期待的答复。

"它告诉我们，在市场开拓中要从工作和心理两方面做好准备，要提高自己的专业度和敏锐度，维护好同潜在客户的关系，甚至需要主动去培育客户。如此，方能在市场开拓中获得优势。确实，中小企业在人才、资金和资源方面常常面临匮乏的情况，但在这种情况下，项目经理更需要通过调动担保公司自身的资源来帮助这些中小企业，填补他们的短板。我们可以利用担保公司的资源网络，为中小企业提供人才引荐、资金支持和资源整合等方面的帮助。而且，我们还可以为中小企业提供市场信息、商业合作机会等方面的支持。如此，项目经理不仅能帮助中小企业解决问题，提升他们的满意度，让他们感到有一个稳固的靠山，还能增强客户对我们担保公司业务的黏性。愿意与我们建立长期合作关系。这种契合度和忠诚度的存在，有助于业务的推进和发展，使整个合作过程更加顺利和成功。"

小张听到这里，脑海中不禁回忆起了自己作为璋哥的 B 角曾经成功地为一家做精密配件的企业提供了全方位服务的过往。那位企业老总在财务方面非常稳重，不愿意通过贷款来扩大生产规模以避免负债。了解到这一点后，璋哥并没有打退堂鼓，而是向他们推荐了当时政府的免息产业发展基金贷款，这种贷款专门为鼓励新兴行业升级换代和技术革新而设立，无须支付利息。企业老总对此表示了极大的兴趣并立即申请了贷款。在此之后，企业老总对璋哥刮目相看，并频繁约他探讨公司的未来发展前景。

后来，这家企业的发展逐渐引起了投资机构的关注。但企业老总对于投资估值并不熟悉。于是，他再次找到璋哥，希望璋哥能介绍投资领域的专家，为他提供专业的估值和投资谈判建议书。璋哥带着小张积极响应，并与投资专家合作，为企业老总提供了一份专业的估值报告和投资谈判建议书。这份材料赋予了企业更多的底气和谈判优势。企业老总带着这份专业材料去与投资机构进行谈判，最终取得了成功。

进一步看，当时璋哥是因为相信这笔业务一定能落地吗？他这一连串的服务不仅仅是为了成功达成一笔业务合作，而是为了建立起与潜在客户之间异常稳固的合作关系。所以，担保项目经理们不应仅仅关注短期结果，而是需要通过提供全方位的专业服务和支持，来赢得客户的信任和忠诚，获得更多的铁杆客户。

在小张意犹未尽的沉思中，这场临时会议结束了。

（三）

为了让团队成员学好《孙子兵法》中的第二课，璋哥决定组织团队前往一家合作银行进行座谈交流。因为他深知银行作为担保公司的重要合作伙伴，了解银行的需求和运作方式对于与银行建立良好的合作关系至关重要。

10点钟,璋哥与团队成员一起来到了银行总部大楼内一间宽敞明亮的会议室,会议室内摆放着长桌和舒适的座椅。大屏幕上显示着银行的标志和亮眼的数据,让人感受到银行的庄重与实力。

银行的客户经理阿金热情地欢迎了璋哥和他的团队。阿金是一位经验丰富的业务总监,他对担保业务有着相当深入的了解。璋哥向阿金介绍了他们团队的背景和目的,鉴于以往的良好合作关系,阿金以客户经理的视角热心地向大家介绍了他们同担保项目经理合作时的关注要点。璋哥和团队成员认真倾听,记录下了阿金讲的每一个细节。

首先,阿金建议项目经理注重沟通交流。通过座谈会、联合调研以及定期提供专业的资信评级报告等方式,与银行的信贷经理加强沟通,增进彼此的了解,建立起互相信任的关系。

其次,阿金阐述了银行对个别担保公司随意将项目转移给其他银行的看法,除非遇到特殊情况,如银行资金紧张或信贷政策调整等,应尽量避免这种情况。不断深化与推荐项目的银行的合作关系有助于建立长期的信任和合作基础。

最后,阿金还强调担保公司作为企业和银行之间的桥梁,不仅应为客户量身定制融资方案,还应与银行密切合作,确保贷款的顺利进行。项目经理需要综合考虑客户的需求和银行的利益,力求实现银行、企业和担保公司的三方共赢。

接下来,璋哥团队提出了一些关键问题,询问银行在选择合作项目时的偏好和关注点。阿金耐心地回答了每一个问题,并分享了一些成功的案例和合作经验。

结束访问后,璋哥带着团队走出银行的办公大楼,但他们并没有回去的打算,而是找了附近的一家咖啡店坐下。璋哥趁热打铁,在同团队认真复盘交流会要点的基础上,还强调了了解每个潜在客户的重要性。作为担保项目经理,应该细致入微地了解客户的产品特点、运作模式,并根据客户的需求提供量身定制的融资方案。例如,如果客户的产品随季节变化而变化,项目经理应该及时推出相应的融资产品来满足客户的需求。

此外，璋哥还强调应充分利用企业老板的资源池，挖掘更多行业内的客户。全方位地了解已有客户，从企业的上至下、内到外，找出所有可以挖掘的市场资源。尤其是企业控股股东或财务总监的人脉圈，如果能通过他们引荐新客户，效果必定事半功倍。这正是《孙子兵法》行军篇中"知彼知己，百战不殆"的要义。要想取得胜利，需要了解自己和对手的情况。作为担保项目经理，开拓市场前既需要对银行的获客渠道有清醒的认知，也要对企业的业务情况、技术状况、实控人能力等信息有充分的掌握。

（四）

星期一早上，璋哥根据担保公司安排，陪同区工信局的领导一起参观最新落地的产业园区。该产业园区是近期区政府为促进某战略新兴产业发展而建设的重要项目，被寄予了很高的期望。

一辆黑色商务车缓缓驶入园区，车门打开，工信局领导一行走了出来。璋哥也早已恭候多时，热情迎上前去，加入了一起参观的队伍中。随着园区负责人的引领，工信局领导一行踏入了产业园区。他们首先来到了园区的展示中心，展示中心内陈列着该园区的规划图、建设进展以及各个企业的介绍情况。随后，璋哥与工信局领导一起参观了一家新兴的创业孵化器。孵化器内充满了年轻的创业者和创新创业项目。

整个参观过程中，璋哥感受最深的就是政府对战略新兴产业、中小企业发展的支持力度，工信局领导还特意提出了政府未来还会为园区企业提供担保费的补贴或者是银行利息的优惠。参观结束后，璋哥心情久久不能平静，他觉得因势利导绝对是市场开拓的一大法宝。这冥冥之中似乎也和《孙子兵法》中的"发火有时，起火有日"吻合。所谓放火要看日子，起火要看天时，国家政策提供的土壤往往就是最好的天时。在政府的大方针支持下，根据园区里的企业大小和它们与上下游的紧密关系，担保项目经理完全可以制定一套科学的担保标准，设计出一些配套的担保产品。这样一来，原本需要项目经理一个个把脉的情况，就能转变成用标准化、系统化的方法来评判了。这不仅能让相似园区企业的信贷流程简单化，还能避免因个人评判标准不一致而导致偏差。

璋哥回到办公室，在产业园模式的基础上，结合以前的经验，又归纳出财政委托放款模式（在这种模式下，财政资金免除利息和担保费，委托给担保机构进行管理）、财政贴息贴保模式（在这种模式下，政府对担保机构担保的项目提供利息和担保费的补贴。例如，针对知识产权质押贷款、外贸发展资金等项目）等。

璋哥决定将"发火有时，起火有日"之感悟和归纳出的市场合作模式与团队分享。他希望团队善于抓住时机，选准有利的机会，为中小企业提供更好的融资方案，他深信通过这些与政府合作的业务模式，中小企业能够获得更多的资金支持，公司的业务也能够快速发展。

（五）

璋哥平时为人极为诚信，善于交朋友，有着很好的人脉。他也总是乐于助人，对朋友的借钱请求也往往尽力满足。然而，这种乐于助人的性格却逐渐让他忽视了家庭。璋哥的妻子渐渐感到不满，她觉得丈夫把太多时间投入工作和朋友关系中，而忽略了家庭。在一次争吵中，妻子终于把心中的不满集中爆发出来。她指责璋哥忽视了自己和孩子，没有给予他们足够的关心和照顾。

由于激烈争吵导致的怒气攻心，加上长期的劳累，璋哥最终住进了医院。在医院的日子里，除了妻子无微不至的照顾和几个交心朋友的经常探望，其他所谓的"朋友"并没有对他的健康状况表示关心。他们甚至在璋哥出院后也没有意识到他已在鬼门关走了一遭，这让璋哥深感失望。在医院治疗期间，璋哥开始反思自己的生活和价值观。他意识到，朋友不在于多，只有家人和真正的朋友才是在他最需要帮助和关心时肯主动伸出援手的人。

康复后，璋哥感慨万千。他的心灵得到了一次洗礼，思绪汹涌澎湃。他结合《孙子兵法》行军篇中关于"兵非益多"的阐述，写出了关于市场开拓的新一篇感悟。

"兵非益多"指的是己方兵力并不是越多越好，不可迷信武力。作为项目经理，很容易走进一个误区：想做好业务，就必须尽可能多地去结识新企业家，但在客户资源方面往往仅实现了数量而保证不了质量，一番辛苦过后，能够落地的项目并不见增加，并且自身的信心也容易受到打击。实际上，已有的客户资源就是一处被遗忘的宝藏，蕴含着巨大的价值，因为这些珍贵的资源承载着经过岁月洗礼的信任和合作，能够搭建起稳固的资源基石。

在担保公司的客户层面，可以运用统计和大数据分析方法对客户群体进行刻画与分析，精准地挖掘潜在的客户增长点。这将有助于精确锁定最有可能响应的客户。例如，通过分析在保客户的数据，项目经理发现 LED 显示屏行业可能衰减，而 LED 照明市场将保持火热。项目经理可以主动与 LED 行业协会联系，与 LED 照明企业合作，进而有效开拓市场。

面对团队已有的客户资源，业务团队需要发挥各自的专长，齐心协力，像一支精心组建的交响乐队一样。不仅要在已有客户基础上向上游、下游和同行业企业进行拓展，还可以根据自身的专业特长分成不同的行业小组，专门对接不同行业的客户。专业团队对特定行业的深入理解，更容易获得客户的信赖和认可，这对于进一步拓展客户网络是一个重要优势。

对于在保客户的上下游，为其提供融资服务将是一种双赢的商业模式。因为为客户的下游企业提供资金可以帮助客户更快地收回款项；而为客户的上游企业提供资金可以减轻客户的资金压力。通过解决客户上下游的资金难题，客户与他们的合作伙伴之间的依赖关系会更加深厚，关系也就更加稳固。

在上市公司等大型核心企业方面，可以实现市场的多元化开发。项目经理可以为上市公司发行公司债提供增信，为其增发配资提供担保。同时，可以围绕上市公司的合作伙伴开发保理业务、商票贴现业务等。此外，针对上市公司老板个人的融资需求，可以提供股票质押贷款业务；对于上市公司的中高层，还可以开发小额信用贷款业务。通过多种融资业务的组合为上市公司提供服务，不仅增加了谈判筹码，也增强了对上市公司的制约力，有利于风险控制。通过与某个核心企业的合作，项目经理完全可以开拓新的市场机会，拓展业务范围，实现公司的发展。

市场开拓与孙子兵法

（六）

正是基于对《孙子兵法》智慧的深刻理解，璋哥将其领悟的精髓应用于担保业务的市场开拓和团队的日常管理中。他鼓励团队成员运用战略思维，深入分析市场和竞争对手，找到市场的空白点和痛点，从而在竞争中获得优势。经过一段时间的调整，团队开始进行更加精准的市场调研，通过收集和分析大量的市场数据，更好地了解了客户的需求和行业趋势。同时，团队也加强了与企业的沟通，深入了解企业的挑战和目标，为企业提供更加贴合实际的担保解决方案。

此外，璋哥团队还注重了解竞争对手的策略和行动。通过了解竞争对手的思维方式和战略布局，更好地制定市场策略，找到与竞争对手的差异化竞争点。

随着时间的推移，璋哥和他的团队逐渐发现，《孙子兵法》的智慧真正发挥了作用。他们能够更加敏锐地洞察市场，抓住机遇，迅速调整策略以适应市场的变化。他们的业务逐渐扩大，客户的满意度也大幅提升。璋哥和他的团队在竞争激烈的融资担保行业中稳住了脚跟。正如古人所言：智者乐水，仁者乐山。

第三节　得心应手

一、做一名优雅的舞者，与政策旋律相融合

在那风华正茂的舞池中，作为一位风度翩翩的政府性担保舞者，你得与那政策的旋律紧紧相随，轻盈地旋转、翩跹地跃动，让你的舞姿与时代的乐章完美融合。

（一）

小美是一位为中小企业提供可靠的融资支持和资金保障的贷款担保项目经理。同时，小美还有一个高雅的爱好，在踏入大学校门之前，她曾是一位备受瞩目的舞蹈特长生。多年来，尽管工作繁忙，她仍然坚持每周安排出两个晚上，去一家舞蹈学校做兼职舞蹈老师。而这也成为她缓解压力，保持活力的秘诀。

每当她走进舞蹈教室，灯光柔和地照亮着她的身影时，她的眼神中总会透露出一种熟悉、欣喜的光芒。她喜欢与学生们分享她对舞蹈的热忱和舞步技巧，用自己的身体语言诠释优美的旋律。每一次的跃动，都是她内心情感的释放；每一次的伸展，都是她对舞蹈艺术的诠释。在小美的课堂上，教室里总是挥洒着汗水和激情，她耐心地纠正学生们的每个动作细节，乐此不疲地激发着学生们的潜能。在学生们的心目中，小美不仅仅是一位舞蹈老师，更是一位梦想引路人，引领着学生们走向舞台。

某天晚上，舞蹈教室的灯光映射到了一位打扮精致的年轻女学员身上。舞蹈课结束后，她静静地走向小美，希望能得到她的单独指导。这位年轻女

学员坦言自己并没有舞蹈的基础，但她愿意支付远高于市场价的薪酬，让小美全职成为她的私人教练。小美掂量了一下，她还是爱着自己的担保工作，从她入职担保项目经理以来，她通过担保业务不断实现了自己的职场梦想，而担保如今也早已融入她的血液。舞蹈则滋养了她的心灵，让她在闲暇之余能够陶冶情操，追忆下青春时的梦。因此，小美觉得工作和舞蹈之间并不是一种取舍关系，而应该是一种完美的平衡。但小美也是个热心肠，她不想辜负这位年轻女学员对舞蹈的追求和对自己的信任，所以决定先给她上一节私教课看看效果。

"你的名字是?""小美老师，我叫雅茹。"

"好的雅茹，那接下来你就跟随我的舞步，我来看看你的基础功。"半个小时过去，雅茹逐渐跟上了小美的舞步，小美发现雅茹的灵性与气质不凡，知道她可能出身不凡，便在休息时间与雅茹闲聊起来。雅茹性格活泼开朗，直言不讳地告诉小美她的父亲是当地的一位煤老板，家族在煤炭行业获得了巨大的财富。那个时候，煤炭行业正处于繁荣期，许多煤老板都赚得盆满钵满。但是雅茹却对家族这种以消耗资源为代价的致富方式持有否定态度，因此从不主动插手家族的生意。两人聊得很投机，因此，在课程结束时，两人约定了以后上课的时间。送别雅茹后，小美感到自己与雅茹之间已不仅仅是舞蹈老师和学员的关系，更是相见恨晚的密友。

（二）

视线回到工作上，小美最近接到了一家资源型企业的贷款担保申请，这家能源公司是在焦化行业扎根的企业，其拥有一座年产量 25 万吨的煤矿，注册资本达到 1 亿元人民币，资产总额为 4.8 亿元，每年的营业收入接近 3 亿元。多年前，能源公司获得了有关部门的批文，开始了异地改扩建的计划。在短短一年的时间里，就在滨海市北郊建立了一座全新的焦化生产线，并成功投入生产。这座新厂房不仅每年能够产出 45 万吨焦炭，还能够回收苯、甲醇等化学产品，并将煤气综合利用，成为一座现代化的焦化工厂。

小美看出了能源公司的实力和市场前景，但她也深知资源型企业在贷款担保方面的风险和挑战。思索再三，她决定对能源公司进行更深入的了解和评估。

项目的起源在于能源公司成功与滨海市的煤气公司签署了《城市煤气供应协议》，按照协议能源公司每日向滨海市供应 35 万立方米的煤气，这份协议预示着能源公司将在年销售收入上再迈上一个几千万元的大台阶，同时也让能源公司晋升为滨海市七大煤气供应厂商之一。

为保障在寒冷的冬季，城市的煤气供应不受影响，能源公司需在两个月内供应滨海市 7 万吨的原煤，这可是不小的流动资金压力。于是，能源公司找到小美，提出其首次申请意向——一笔 2000 万元的流动资金贷款担保，期限 1 年。

这笔贷款担保项目是小美所在担保公司涉足当地资源型支柱产业——焦炭气化行业的首次尝试。小美作为这笔业务的 A 角，也深知其中蕴含的政策性意义。这次对焦化企业的扶持，能够让受保企业刚刚形成的生产能力得到最大限度的释放，既保障了滨海市煤气的供应，又能为自己介入大型企业担保项目积累经验。

然而小美并不是这方面的专家，想要摸透企业的优势与潜在风险十分困难，但她突然想到了雅茹。在一次舞蹈课后，小美向雅茹讲出了自己对这类企业的一些困惑。早已亲如姐妹的雅茹二话不说，搂着小美说："这事包在我身上。"第二天雅茹就帮小美找了两位业内专家共赴能源公司实地考察并核实企业情况，根据专家的专业意见以及小美的尽职调查，大家认为该项目存在以下几点有利因素：

从产业政策看，能源公司具有一定的生产规模，且包含的配套化煤气净化等具有一定的公益性，符合国家和省焦化产业管理条例相关政策，属于国家循环经济、节能减排项目。项目产生的煤气供应给滨海市居民使用，是滨海市内七大气源之一。能源公司自有煤矿的《采矿许可证》《安全生产许可证》等六证齐全，所处位置在首批国家规划的煤炭矿区名单及范围内。

从市场环境看，当时的焦炭销售情况处于上升趋势。能源公司申请的担保期限为两年，但市场焦炭价格存在波动，因此对销售额有一定潜在影响。公司焦炭生产过程中可产生苯、甲醇等附属化工产品，其使用范畴随着技术水平的提高将变得越来越广，产生的煤气供应城区居民，销售也较稳定，可有效地缓解焦炭销售风险。

从行业竞争看，能源公司从事焦炭行业十多年，有稳定的供销渠道，生产能力较高，且已经形成了产业链，可以保证原料供应相对稳定，且原料采购成本低于行业平均水平，尤其在煤源紧张时，能保障公司的原材料供应，使公司在同行中具有一定的竞争优势。

从反担保措施看，能源公司提供了法定代表人和主要管理人员的个人保证、关联企业保证，以及 500 亩土地的使用权抵押，抵押价值充足，项目整体反担保措施较强。

当然，小美也谨慎地看到，该项目存在一定的风险：

首先，能源公司此前向银行贷款了 4500 万元去购买当地一大型酒店，这种跨界经营行为导致企业的债务负担增加；其次，因为投资购进配套化工产品、煤气管网等设备造成了能源公司的资金紧张，并且煤矿属于生产危险性高的高危行业，存在较大安全隐患；最后，能源公司下一步还计划与一大型焦化公司合资，将名下煤矿由年产 30 万吨扩建至年产 120 万吨的规模，这一扩建项目资金缺口较大。

小美提交了项目评审报告后，经过专家评审会的研究讨论，评委一致认为该公司银行短期借款较多，贷款承担空间有限，但该公司实力较强，对其进行担保扶持将会有效保障该公司向滨海市居民的煤气供应，且其提供的反担保措施较为有效。最终，专家评审会决定适当压缩支持规模，为能源公司提供了 1500 万元的流动资金担保。

拿到贷款后，能源公司按时为滨海市供应了煤气，顺利渡过了资金紧张的时期，当年实现收入 3.1 亿元，利润 4200 万元。第二年小美所在的担保公司对其继续给予扶持，使该焦化项目正常达到设计生产能力。后续香港某公司成功与其合作，投资入股。能源公司还筹备在香港上市，让企业发展迈向新的台阶。

（三）

不知不觉小美与雅茹已相识两年，舞蹈教室还是那个舞蹈教室，但雅茹的舞姿却早已今非昔日，她的进步连小美都为之惊叹。但在某天晚上，雅茹在练舞时却心不在焉，忧心忡忡。作为其挚友的小美，询问她烦恼的原因。雅茹将自己内心复杂的矛盾诉说出来：原来最近国家的"双碳"战略以及深化矿产资源管理与整合的政策风声四起，一些煤老板开始抛售手中的煤矿。雅茹的家族也不例外。一方面，雅茹内心对家族煤矿生意的抵制让她对煤矿资源即将迎来的整治感到无比欢迎；另一方面，家族近年来的激进并购可能导致他们背负巨大的债务。

小美在雅茹倾诉的同时尽力开导她。但她心中也忽然想起了自己手中的那笔贷款担保业务，这让她不禁捏了一把汗。

果然没过多久，能源公司也开始申请续保，有了雅茹的提醒后，小美在考察评审过程中，注意到能源公司出现了以下新情况：首先，该公司收购了其他煤矿，负债明显增加；其次，该公司下属煤矿是否会被纳入未来的整合兼并范围，下一步发展情况存在较大的不确定性；最后，香港公司入股之后，该公司上市筹备情况较为复杂，并存在较大的不确定性。这些较大的变化导致风险难以把握，小美以及担保公司的评审专家一致决定退出该项目。

**做一名优雅的舞者
与政策旋律相融合**

半年后，当能源公司出现较大产权纠纷影响安全生产经营的消息被报道出来时，小美早已根据掌握的产业政策信息以及对项目重新评估退出了该项目，从而成功避免了风险代偿。

不久之后，省政府出台了煤炭整合企业名录，民营企业名下煤矿大多被央企及省内大型国企煤矿整合，与该公司关联煤矿也在被整合之列，焦炭行业受到严重影响，产能过剩，市场价格下滑，产品没有销路，导致存货积压，企业经营受损。

（四）

客观地讲，小美及所在担保公司对项目的及时退出和对风险的成功规避有一定的偶然因素，但如果事先缺乏对政策导向的敏锐洞察和果断决策，仍存在侥幸心理，不但与政策意图背道而驰，而且很难避免发生担保代偿，造成损失。从风险预防和控制的角度看，把握政策，审视企业发展阶段，适时进入、退出项目，是做好担保扶持、防范风险的关键。小美的这次经历也体现了担保公司对政策性担保项目进行扶持时应注意的几个要点。

1. 随时把握国家产业政策变化动向。国家的产业导向，无疑是摆在政策性担保项目扶持决策桌上的一副重棋。最开始之所以给予能源公司援手，主要是因为该公司的项目恰好契合了国家推崇的循环经济与节能减排的宗旨。然而，时过境迁，当项目触碰到了国家对产能过剩、资源整合的调控红线时，担保公司不得不重新考量，最终选择了策马扬鞭。

2. 担保扶持要结合企业发展阶段。在担保公司的扶持下，受保企业，特别是那些本身实力较强的企业，往往可以通过担保公司的支持，成功地打开银行的大门，并迅速进入扩张阶段。然而，在扩张过程中，一些企业难以应对经营风险，尤其是当市场发生变化等重大因素时，可能会出现经营、财务、管理等方面的风险。

由于企业与担保公司之间存在信息不对称等现象，担保公司很难全面了解企业的真实情况，从而无法全面、客观地评估企业。在这个时候，担保公司应该适时决策退出担保，以规避潜在的风险。这样做有助于保护担保公司自身的利益，避免因企业风险导致的损失。同时，这也是对企业的一种提醒，促使它们更加重视经营风险管理，寻找更加稳健的发展路径。

3. 决策要坚决果断。担保行业常说"项目进入容易，退出难"，这句话确实道出了实际情况。当小美对能源公司进行第三次评审时，该公司的营收增长，资产实力增强了，反担保抵押土地的价值也足够高。此外，之前的两次合作也相对顺利，相关人员对该公司有了更进一步的了解。在这种情况下，做出退出担保的决策确实不易。

在专业分析以及雅茹机缘巧合的提醒下，担保公司认为能源公司的经营情况存在较大的不确定性，这使风险难以判断和控制。尽管有些许犹豫，但小美和担保公司最终决定退出该项目，成功地规避了潜在的风险。这表明果断退出是担保公司防范风险的首要机制。

二、洪波中的运筹帷幄

昔有张良，谋圣也。帷幄之中，绘图谋策，决胜于千里之外。助汉高祖刘邦，破项籍于垓下，定楚汉之争，声名显赫，流芳后世。今之担保项目经理，宜借鉴古人之智略，通晓运筹帷幄之术，善做统筹之策，方能于翻波之际，不惑于心、不乱于行，化危为机，立足于不败之地。

（一）

阴暗潮湿的夜晚，小帅缩在冰冷的客厅沙发上，电视机发出的光芒在他忧虑的面庞上闪烁。他的手紧紧握住遥控器，不停地在频道间切换，希望从不同的新闻报道中挖掘出更多信息。他的内心似乎被这湿漉漉的夜晚封住，无法找到一丝安宁。新闻播报员继续陈述全省各地方的洪水状况：目前，我省北部城市的受灾情况最为严重。

渡过了风雨交加的难眠之夜后，小帅打开手机，从早间新闻中得知这两天本市的降雨量异常大。这个城市的人们正遭受着有记录以来最为严重的洪水灾难。洪水覆盖了每一条街道，它突如其来、猛烈无比，宛如科学报告中所警告的大洪水时代的序曲，令人措手不及。城市交通完全瘫痪，能源供应告急，居民日常生活受到极大的冲击。实体店铺绝大部分无法营业，整个城市陷入了混沌与失序。小帅眺望着窗外他生活的城市，现在却是一片陌生的景象，街道上漂散着家具和垃圾，有那么一瞬间他曾感到绝望与无助。但随着一艘橙黄色橡皮艇进入他的眼帘，他晃了晃脑袋，将刚才的绝望甩出去。小帅看到市政人员正乘坐冲锋舟奋战在一线，为被困的居民送上食品和生活必需品。这番感人的景象令他也迫不及待地想做些什么。

小帅穿好衣服下到二楼楼梯间的窗边，向冲锋舟招手，冲锋舟缓缓驶来，小帅示意要加入救援行列，市政人员为他穿上救生衣后，他跳上了那艘载满补给品的冲锋舟。冲锋舟小心翼翼地行驶在一片汪洋的大街上，泛起的水波将水面的垃圾推往边缘。沿途小帅看到许多被水浸泡的建筑物，人们被困在屋顶上，向他们求救。救援领队告诉他，这次洪水是该地区有记录以来最严重的一次，许多地区的防洪设施都已经失效。小帅心中充满了担忧和紧张。作为一家担保公司的项目经理，小帅深知自己肩上不仅仅扛着业务指标和安全回收本金的任务，社会责任也同样重大。因为他的本职工作是确保中小企业客户能够按时获得贷款，解决自身的资金问题。然而，眼下的洪灾却给他带来了前所未有的挑战。他知道，此番景象下，各行各业都会遭受巨大的打击。那些曾经热闹的餐馆和小吃摊现在都紧闭着，失去了往日的生机。他想象着那些餐饮业主的恐惧和迷茫，他们曾起早贪黑，不知疲倦，为顾客提供美食和暖心的服务。然而，如今他们却被迫面临着生意停滞、员工失业的威胁，这不禁让小帅感到心痛。

午饭时间，餐食简单，一盒泡面，两颗卤蛋。小帅用叉子捞着面，眼睛盯着泡面杯口，思绪不禁又飞到了外贸行业，想象着那些曾经繁忙的港口和贸易大厅。本市的中小企业将如何应对这场灾害？他们是否能够挺过去，寻求新的机会？他们是否能够按时偿还借款的本金和利息？中小企业是社会经济的重要组成部分，它们承载着许多人的梦想和希望。如今，洪灾让这些企业面临着前所未有的挑战。小帅咬着卤蛋，思索着中小企业如何才能够渡过这个难关。

（二）

回到家后，小帅坐在沙发上不断叮嘱自己要冷静下来。他深呼吸几次，让思绪平静，开始仔细梳理当前自己需要并且有能力做到的事情。第一，他想到了手头正在推进的一个项目，已经做好了对企业的前期尽职调查工作，并写好了评审报告。这笔贷款对企业来说非常重要，尤其在当前洪灾的影响下，他们的需求更加迫切。出行受限后，贷款担保项目评审会以及法审、签约、放款等一系列流程应该如何推进？第二，小帅梳理了手上的另外两个在保项目。他发现这两家企业的放款还不到半年，而且在放款时已经出现了现金流紧张的情况。如今洪灾的影响，这两家企业能否生存也成了一个重要的问题。他意识到，如果这两家企业无法偿还本金，就会变成风险项目。第三，小帅开始思虑非常时期企业资金周转困难，出门办理业务怎么办？自己作为一名担保老将，这个时候如何做才能更好地帮助那些中小企业渡过难关？如何发挥自己的社会价值？

第二天一早，小帅拿起手机，端详着自己所在担保公司的各级联系人。他明白，及时了解公司是否制定洪灾等极端灾难下的业务流程至关重要。他既怕耽误领导跟同事，又想尽快获取这些关键信息。纠结了一会儿，时间终于到了八点半，小帅先给担保公司的副总发去一条短信，表达了他的关切并请教是否已经有了相关的应对方案。随后，他又拨通了公司风险部部长的电话，详细请教了公司在洪灾期间的业务运作计划，包括贷款担保项目的推进、风险项目的处置等方面。

不久他接到了副总的回复，公司层面已第一时间启动了快速响应机制，成立了项目专项工作组，安排专人跟进。此外，项目工作组也开始优化授信审批流程，从提交项目报告到召开线上评审会，中间所需的时间做到了尽可能压缩。

小帅一刻也不想怠慢，把手头已经完成的某企业申请500万元贷款担保项目的评审报告提交到线上评审会，仅用了一天时间，评审会便审核通过了该企业的贷款担保申请。并且企业还享受到了公司出台的制定的担保费7折、利率基准以下的优惠。

尽管如此，小帅还是觉得效率不够，于是他便向自己的分管领导提出了当前响应速率更高的服务方案：直接开辟线上融资平台，助力中小微企业坐在家里用指尖就能办成业务，让公司的小微信贷业务支持7×24小时申请，并且不受节假日影响；另外建议与公司的长期合作银行对接，为通过的贷款项目开辟融资绿色通道，进而提升服务效率。

在整个担保公司团队的共同努力下，他们成功创设了24小时线上融资平台，成立了业务专家团队，每天24小时轮流值班为中小企业提供业务答疑、产品咨询、方案设计等线上服务，解答企业各项债权、股权融资困惑。一旦收到企业融资需求后，立刻根据企业实际情况综合研判。对受洪灾影响较大行业、区域的企业融资需求，简化业务流程，启动特别审批"绿色通道"——项目调研完成后即报即审，特事特办，确保1个工作日内完成审批程序。同时，小帅所在的担保公司通过降低担保费、设立过桥转贷专项资金、增加信用担保额度等方式，全力强化金融支持力度，力挺中小微企业恢复生产经营。

（三）

然而，随着洪灾的继续发展与蔓延，小帅最担心的事情还是发生了。他的两个在保客户相继出现了问题。

第一家客户是电子公司，洪灾来袭后，电子公司的生产经营受到不小影响。企业无法恢复生产，订单搁置。如果再这样下去，不仅借款无法偿还，企业连生存都将成为问题。小帅也无比焦虑，他目前力所能做的就是通过视频方式和电子公司的实控人芳姐"面面相觑"。"不能坐以待毙，"小帅心想，随即拨通了自己的老领导——担保公司原董事长的电话，老领导在搞清楚企业的优势后，提出了一个想法：既然本市的生产线无法运转，那么可不可在未受洪灾影响的城市建一条临时生产线呢？"这也许是个机会，但在当前这种环境下，生产许可手续能不能尽早办下来呢？"听到小帅的方案后，芳姐激动地说道："不管遇到多大的困难，都要试一试！闯一闯！"芳姐在综合了大家的意见后，当即拍板。电子公司所有人员立即分头行动，有的去找相关政府部门沟通思路，有的通宵达旦绘制图纸，有的带病奔波联系设备。小帅则凭借多年来与政府打交道所积累下的人脉去帮企业协调审批程序上的困难。大家心中都有一个共同的信念："一定要实现产能补充。"虽然新生产线项目在推进初期遇到了生产线调试等一系列问题，但在工程师的努力下，电子公司一周内加班加点地建起了1条异地生产线。

小帅在为电子公司出谋划策的同时，另一家本地的展会公司在洪灾的影响下也并不好过。展会公司的主要业务是做海内、外展会。随着洪灾影响的加剧，展会业务可谓遭受大劫，展会停办，门可罗雀。展会公司的总经理大庄心情糟透了，每天待在办公室看着天花板出神。小帅结合电子公司的突围经验，不停地安慰大庄：危与机总是同生并存，危中思变才能趋利避害、化危为机。在安慰大庄的同时，小帅也在为企业寻找自救方向。简单的晚饭过后，他正想给紧绷的大脑神经放一个小时假，忽然手机里随意点开当作背景音的某直播带货主持人激情澎湃的推销吸引了他。既然现在不适合出门进行实地参展，那为什么不能做线上看展的业务呢？

小帅立刻把这个想法告诉了大庄，大庄也如醍醐灌顶，动员展会公司上下迅速研究制定可行方案，群策群力地选择一个适合展示产品和互动的线上平台。经过半个月的紧张准备，大庄团队将各方展品的信息、图片、视频等准备好，并设计好展示内容，使观众能够清晰地了解产品特点和优势。同时，利用各种渠道宣传线上展览，吸引观众的关注和参与。

当月底，政府补助资金的到账给小帅和展会公司吃了一颗定心丸，第一季度下来，除去探索新展会模式的成本以及人工成本等，展会公司基本实现盈亏平衡。这已经是令各方相当满意的结果。

（四）

危中思变，正是指大家在面临危机或困境时，需要及时调整思路和策略，以有效应对。小帅等众多"担保人"在这场特殊的洪灾大考中铆足了劲儿。一线"战队"加班加点，开辟融资绿色通道，提升服务效率。后方"援军"全力收集需求，通过一系列的线上培训，为居家员工提升业务实力输送能量。

洪水灾害发生以来，各类市场主体积极参与应对，团结协作、攻坚克难、奋力自救，为政府的洪灾防控提供了有力支撑。这背后，不只企业家们功不可没，还有担保项目经理们的持续奋战，陪同企业家一起面对产业转型难题与自然灾难的叠加影响。

洪波中的运筹帷幄

　　小帅正是成熟、冷静、富有经验、思维活跃的贷款担保项目经理的代表，纵使无法出门，也有运筹帷幄的魄力和决心。敢闯敢试，与时俱进，在挑战中抓机遇，在困境中寻求突破、逆风而行，也许，这就是百年未有之大变局下，贷款担保项目经理应该具备的素质吧。

三、携企共济成长路，尽职细语藏深情

小帅的职场征途，是从一家担保公司项目经理起步的，从铮铮铁骨的青年才俊到如今的老练行家，转眼已是八载春秋。他历经过职业生涯的潮涨潮落，有过迷茫徘徊、逆境挣扎，甚至失魂落魄。但当他静下心，回首过去，望向那些曾经孱弱，如今早已挺拔如松的中小企业时，内心的阴霾逐渐烟消云散，担保项目经理的职业荣光也随之浮现。

（一）

某一年的岁末，小帅与新材料公司初次产生了交集，那时的新材料公司尚未有过任何信贷记录。银行的客户经理面对这种类型的企业，心中似乎总是五味杂陈。他们高兴的是，若能与新材料公司顺利合作，那么未来银行就会赢得伴随企业蒸蒸日上的先机，日后为其提供各种专业的融资方案，并将其培育成自己的忠实客户。然而，令他们头疼的是，对于没有信贷历史的中小企业来讲，其实控人对于贷款条款、流程之类的常识知之甚少，这就使银行客户经理不得不投入大把的精力去调研、跟进，而沟通协调的代价不菲。

就在这样的情况下，小帅与新材料公司的缘分拉开序幕。故事的开端是这样的——银行的一位客户经理阿金在浏览开户系统时，发现新材料公司的资金流动颇为喜人，便决定亲自登门拜访，以期探寻合作契机。然而，阿金的首次上门推介并未如愿以偿，而是遭遇婉拒。新材料公司的老板国强经营思路保守，他认为公司目前资金充裕，贷款对于他们来讲并非刻不容缓；同时，对于银行提出的审查数据材料的要求，他感到时间成本太高，并且对他及家人还要为公司的贷款提供连带责任担保的程序感到非常不满。

然而，阿金作为一位在银行历练多年的老将，并未就此打退堂鼓。经过与国强的几轮对话，他深信新材料公司蕴藏的潜能不凡，其未来的发展前景将无可限量。因此，他不遗余力，屡次亲临其门，期望能够落地一笔贷款业务，这样既可以助推企业乘风破浪，又能为银行储备一位极具前景的客户。

在多次的来往交流中，阿金与国强熟络了起来。国强也逐渐明白了金融杠杆在推动企业快速发展中的积极作用，但他判断目前企业运营尚佳，需要抵押贷款的时机未到。迫不得已之下，阿金将新材料公司引荐给了小帅，希望借小帅的专业能力和纯信用贷款担保的吸引力敲开新材料公司的贷款之门。这便是小帅首次调研新材料公司的缘起，也正是后续故事的开端。

（二）

初次"交锋"，小帅对于新材料公司便有了几分印象深刻的认识。新材料公司主营产品的亮点在于能够替代进口，以及具有高毛利润和良好的产品性能，符合当前战略性新兴产业的要求。虽然还没有进行尽职调查，但通过初步了解，小帅认为企业的发展前景非常好。作为一名国有政策性担保机构的项目经理，小帅自然而然地扮演起政策传导者的角色，向企业推荐了市区两级支持科创企业的无息贷款、利息补贴贷款等金融产品，充分表达了愿意支持企业壮大的服务热情和意愿。

经过一番尽职调查，小帅对新材料公司有了更深入的理解：企业的股东大多为技术型，公司刚刚走过初创期，正处于加速成长的黄金期，债务水平低，老板肩上的担子较轻；近期订单较多，资金周转迅速；企业身在战略新兴行业的发展大潮中，国家政策的暖风正频频吹来；毛利率高，现金流充沛，资产负债比率低，短期偿债无忧。

在小帅的牵线搭桥下，新材料公司从小帅工作的担保公司成功获得300万元的政府科技研发无息借款，以及银行的500万元信用贷款，并且，在小帅的努力争取下，企业还享受到了银行利息和担保费50%的补贴。随着800万元的资金注入，新材料公司如鱼得水，年销售额和利润实现了翻天覆地的增长，销售额高达1.2亿元，净利润达到了2600万元。

小帅以其专业的知识和积极的推介，向国强详细介绍了地方政府针对小微科技企业推出的优惠利息补贴政策，并展望了合理运用资金杠杆所带来的加速发展效应，国强从中深切感受到了国家对高科技小微企业的大力扶持。得益于这800万元资金，新材料公司的销售额很快翻倍，国强也对小帅建立起充分的信任，他亲身见证了资金对企业发展的巨大推动作用。在企业成长的关键时期，资金犹如源源不断的活水，对于市场份额的提升至关重要。充足的资金可以帮助企业更快地抢占市场，在高新技术行业激烈的市场竞争中，一个企业通常只有 6 个月到 2 年的领先时间。如果采取谨慎缓慢的发展步伐，无异于为竞争对手提供了追赶和模仿的机会。唯有迅速成长，企业才能在竞争中占据并维持领先优势。

（三）

随着新材料公司经济指标的稳健上升以及发展步伐的不断加快，小帅于第一笔贷款后的第 3 年对企业产品再次进行了深入调研，认为新材料公司如同一匹在赛道上疾驰的黑马。凭借这样的表现，担保公司毫不犹豫地批准了一笔 1000 万元的信用贴息贷款，助国强策马扬鞭。

到了同年年中，新材料公司已经显露锋芒，展现出冲刺资本市场的雄心与实力。企业无论在财务规范性还是经营管理层面，均已"够上"了上市门槛。国强上市的决心已定，开始酝酿跻身资本市场的大计。在这一过程中，小帅连同银行，作为企业的信贷支持者，作用越发凸显，重要性自然不必多言。

到了第三季度，新材料公司的老板确定了上市辅导的中介机构——包括声名显赫的券商、业内知名的律师事务所以及国际顶级的会计师事务所。随着上市辅导的深入，各家中介机构一致认为新材料公司已具备登陆创业板的条件。国强的信心也如同潮水般汹涌，开始着手进行股权改革，计划引入一轮战略投资。股改和战略投资的消息一出，便如同掷进平静湖面的石头，激起了无数的涟漪。求贤若渴的投资人成群结队地来到新材料公司，每个人都期望成为幸运儿。他们有的滔滔不绝地夸赞自己；有的描述未来，仿佛空中楼阁；有的则不择手段，试图以利益的诱惑来换取一席之地。

小帅曾见证了新材料公司从一棵小苗成长为参天大树的全过程，此时的他却内心复杂。一方面，他对新材料公司如日中天的发展感到无比的自豪和满足；另一方面，他也不由得担忧在这些纷至沓来的投资人中，国强能否选择到最合适的。毕竟在这个时期，一个决定就可能会影响到企业未来发展的方向和速度。小帅在心中默默期盼国强能够明智抉择。但天有不测风云，从下半年开始，新材料公司的两家最主要客户的电源板块销售规模呈现锐减态势，新材料公司作为供应商，其产品供应量也相应减少。上半年还呈现出快速增长势头的新材料公司，到了下半年已开始明显下滑，国强预计全年业绩同比将略有下滑。在这样的预期之下，国强不得不一方面寻求国内新增上游客户；另一方面开始尝试加快推进新的应用场景落地。

面对市场的风云变幻，小帅敏锐地察觉到了国强心中的波动，企业界流传的那句话在国强心头重重地敲打："不转型就是等死，转型等于找死。"这句话犹如悬在企业头顶的达摩克利斯之剑，让国强在转型的十字路口既踌躇满志又步履维艰。

随着年末岁月的流逝，市场上的风言风语也影响到了一些原本对新材料公司充满兴趣的投资人。他们或许是从某个不经意的谈话中，或许是从某次不着痕迹的会议记录中，捕捉到了新材料公司转型的微妙气息。出于对变革不确定性的谨慎，他们开始撤回了曾经伸出的橄榄枝。在这样的背景下，小帅与国强频繁的沟通几乎成为家常便饭。小帅愿意花时间与国强如此这般既是出于他的职责所在——确保贷款项目的安全，也是出于几年来积累的深厚情谊——小帅愿意成为国强决策上的坚实后盾。随着时间的推移，小帅对新材料公司的关心已经超越了项目经理的职责范围，他如同看着自己的孩子成长，对企业充满了牵挂。

在与国强进行深入交流时，小帅不吝分享自己的见解和策略。他鼓励国强要敏感地捕捉市场动向，关注行业内的创新和变革。此外，小帅还会介绍一些行业内转型成功的案例，希望能够激发国强的决策灵感。这种深入的交流不仅加深了他们之间的信任，也使得小帅能够为新材料公司的转型之路提供更为丰富的内涵和支持，帮助企业在转型的泥泞路途上稳稳前行。

与此同时，小帅决定对新材料公司重新进行一次更为严密的评估。这不是一次简单的财务分析，而是一次全面深入的解剖。他开始从企业转型的可行性入手，分析其未来发展趋势，考察国强与团队的默契协作能力，评估研发优势是否足以支撑新的市场需求，洞察市场竞争格局的微妙变动，并且深刻理解企业最核心的竞争力。经过深入调研和夜以继日的分析，小帅得出了结论：新材料公司的底子坚实，若能在资金和战略上得到精准的扶持，顺应市场的变革之风，那么跃升至新的高度不仅是可能的，而且是大概率事件。

于是，在一个阳光明媚的午后，小帅与国强又进行了一次深入的对话。他把自己的评估结论娓娓道来，每一个细节都透露着对企业未来的笃定和期待。这番对话，如同一阵清新的海风，吹散了国强内心的迷雾，让他看到了转型上岸的灯塔。

携企共济成长路，
尽职细语藏深情

国强当机立断，从新产品送样到测试，到小批量采购，再到大规模采购，整个周期大约花费了 1 年的时间。新材料公司在新的增量定位方面非常成功。此外，先前的产业政策也回暖，使新材料公司原有的业务得以重新增长。在双应用场景的叠加下，公司仅仅用了不到 3 年的时间就上了一个大台阶。次年，小帅与国强探讨了战略投资以及配套的债权支持的综合方案，国强在慎重考虑后，接纳了小帅推荐的投资团队入股。

（四）

随着时间的流转，新材料公司的发展旅程正如小帅所预测的那样，逐渐走上正轨。在攀登发展高峰的过程中，自然不乏曲折和波折，偶有的石块和荆棘试图阻挡脚步。但在股东们的坚定支持下，这些挫折都被一一化解，变成了前进中的宝贵经验。最终，新材料公司迎来了它的辉煌时刻——成功闯过了证监会的 IPO 首次发审会。这标志着新材料公司即将翻开一个新的篇章，正式登上资本市场的舞台。

回首过去，小帅见证了新材料公司在风雨中的顽强与不屈，每一次跌宕起伏，每一次柳暗花明。小帅与国强之间也建立了难得的默契，他们彼此倾听、不断交流、相互扶持，并始终陪伴在对方身边。

如今，当他看到新材料公司的成就时，内心的激动无以言表。这不仅仅因为他是这段成长历程的见证者，更因为他是这一切的参与者和贡献者。对于小帅来说，新材料公司的成功不仅仅是数字的增长，更是情感和汗水的结晶。

陪伴，这简单而深沉的词汇，在小帅的心中有着特殊的分量。从相识到相知，从初见的青涩到如今的深刻，项目经理与新材料公司的故事，不仅仅是职业的合作，更是心灵的交融。他们共同见证了成长的美好，这份陪伴，无疑是他们之间最真挚的表达。

误入歧途

第四章

第一节　失手之危

一、危楼之下，悬崖之上

《黄帝内经·素问》有言："圣人不治已病治未病，不治已乱治未乱，此之谓也。夫病已成而后药之，乱已成而后治之，譬犹渴而穿井，斗而铸锥，不亦晚乎。"此即防患于未然，但总难免流为老生常谈，在嘴上，不在日常。夜壶临头，方觉一身臊。常言道："防祸于先而不致于后伤情。知而慎行，君子不立于危墙之下，焉可等闲视之。"好的营销方案固然可将风险前置，持之以恒的保后策略，何尝不是先知先觉，与风险绝缘，稳坐中军帐，一梦到天亮呢？

（一）

随着最后一张 PPT 渐渐淡出大屏幕，沉闷的空气似乎也在担保部部长的总结声中慢慢散去。小帅一边收拾着资料，一边感受着身边同事们匆忙离场的焦虑，他的内心像潮水般涌动着不安。他刚想起身，部长的声音却在会议室内响起："小帅，留一下。"虽然部长的语调并不高，却足以让小帅的心沉入谷底。

部长将会议室的门缓缓关上，在隔绝了外界的嘈杂后，他将目光直接投向小帅："小帅，这个月公司的两个出险项目都是你负责的，这样的状况如果持续下去，你的名字恐怕要载入公司的史册了。"部长面色严峻，话语直截了当，每一个字都敲打在了小帅的心上。

小帅心知这两个项目的重要性，也深感自己肩上的压力："部长，这两个项目出问题我确实有责任，危机出现时我未能及时介入，防范风险。"他的声音中透露出一丝无奈，"但我也想说，这其中有些确实是运气不济，项目原本运转良好，每月款项也都按时还上，突然之间公司经营出了问题，真是出乎意料。"

部长眼神微微一凝，似乎有些不满。"你刚刚在会上提到你在做保后管理时对借款企业的财务报表进行了深入的分析，那你就没发现他们的流动性、偿债能力和盈利能力等关键财务指标的变化吗？"他质问道。

小帅有些挫败地摇了摇头："我也想了解，所以每个月都要求企业提供最新的财务报表。但你也知道，大部分小微企业的财务数据也都是一年半载才整理一次，我也无能无力啊。"

部长并不打算就此放过他："有一个出险项目最后发现他们没有按照约定目的使用贷款资金，在这之前你没有察觉吗？"

小帅面露难色："我把重点放在企业销售、库存和订单情况了，关于资金具体如何使用，我确实没有进一步深入调查。但是银行在这方面的监管也显得有些松懈……"

部长沉默片刻，抛出了另一个问题："那么在完成项目后，你通常多久会对企业进行一次实地回访？"

这个问题把小帅给问住了。他的日程表总是排得满满当当，忙于拓展新客户，忙于与银行客户经理打交道，以至于很难抽出时间去回访老客户。他犹豫着回答："可能几个月一次吧。"

部长的表情透露出深深的失望："光纸上谈兵是不行的，就拿挪用贷款资金的那个出险项目来说，如果你尽早去现场核实他们的资金用途，也不会出现这种状况。小帅，你也不是新人项目经理了，回访企业的重要性这种老生常谈的问题你应该也明白。"

小帅的脸色更加难看，他知道自己在这方面做得不够，但他也明白部长所说的每一个字。他需要与客户面对面地交流，实地观察企业的生产经营活动和员工状况，验证企业提供的财务报告和其他信息的真实性。此外，他还需要平衡在保项目与源源不断的新项目之间的矛盾。

"我会改进的，部长。"小帅最终沉声说道，眼神中透露出决心。他需要从这次的危机中吸取教训，重新找到平衡。

（二）

周末的阳光温和而宜人，但小帅的心情却像这深秋的气温，冷冷清清。小帅躺在理疗床上，腰部被仪器温和地按摩着，舒缓的音乐在空气中徘徊。理疗师的手法专业而细致，即便如此，小帅的眉头还是不自觉地皱起。这段时间的激烈忙碌，让他的身体发出了抗议：腰疼变成了家常便饭，长期的工作压力和沉重的贷款压力更是让他感到窒息。

理疗结束后，他拿起外套，匆匆离开了医院。小帅深知，自己需要的不仅仅是身体上的治疗，更需要心灵上的慰藉。今天，他约了一位心理咨询师，准备开启心灵的疗伤之旅。

心理咨询室的环境温馨舒适，墙上挂着色调柔和的画作，软椅上放着绵软的抱枕。小帅坐在沙发上，深吸了一口气，开始向心理咨询师吐露心声。

"我觉得自己就像是一栋摇摇欲坠的危楼，一触即倒。"小帅的声音中透出无力，眼神中闪烁着焦虑和恐惧，"白天工作上的问题应接不暇，晚上回家之后，房贷、车贷的数字又像一块巨石压在心头。我甚至都开始害怕接电话了，生怕又是哪个项目出了问题。"

咨询师耐心地聆听着，轻声开导："你已经成功迈出了第一步，敢于面对问题，寻求帮助，这本身就是一种勇气。"

在接下来的时间里，心理咨询师仔细聆听，偶尔点头或记下重要信息。会话过程中，她给出了一些实用的建议，例如如何调整自己的生活节奏，如何在繁忙的工作中找到片刻的宁静。她还鼓励小帅通过运动来释放紧张情绪，增强体质。

随着咨询的结束，小帅感到心情舒缓了许多。他站起身来，准备离开，却在门口的长椅上发现了一张熟悉的面孔——他的在保客户黄伟。小帅微微一愣，随即步上前去，友好地招呼："黄总，这么巧，在这里遇见你。"

黄伟抬起头，茫然的脸上掠过一丝尴尬，他勉强挤出一丝笑容："哦，是小帅啊。我只是来……来看看，没什么特别的事。"

黄伟那回避的眼神和慌张的语气，让小帅的心里不由自主地升起了疑云。

他不禁想到，黄伟会不会也和自己一样，遇到了某些难以启齿的困境。他心中的怀疑像一颗小石头，投入平静的湖面，激起了阵阵涟漪。

（三）

周一清晨的阳光透过百叶窗，斑驳地洒在小帅的办公桌上。然而，他的目光却未曾随着晨光的舞动而移动，而是紧紧锁定在那份厚重的项目文件上。自从与黄伟不期而遇，小帅心中的疑团便如影随形。起初，他作为负责这个项目的 B 角，对黄伟公司的了解一直停留在表面，而现在，他决定深挖一番。

翻阅完项目的资料，小帅觉得有必要和项目 A 角小美交流一下。他站起身，走到小美的工位前，试探性地问道："小美，咱们那个 AI 公司的项目最近还好吧？"

小美并未抬眸，视线一直聚焦于电脑屏幕上，随口答道："没啥大问题，每个月的还款都挺正常的。"

小帅又接着问："那黄伟他最近没什么异常状况吧？我在想要不要约他出来聚聚，看看他们公司有没有其他的融资需求。"

"哎呀，你不要在这没事找事了。"小美显得有些不耐烦，终于从屏幕前抬起了头，"他们公司要是有需求，自然会来找我们。你这样总是打扰人家，不太好吧。"

小帅没有进一步透露自己的顾虑，是因为不想让小美知道他最近也去找了心理咨询。他心里清楚，想要了解黄伟的真实情况，只能靠自己了。

当天晚上，小帅在健身房锻炼结束后，汗水沿着他的额头往下滴落，心情因为运动而略感舒畅。换了身干爽的衣服，他准备前往地铁站乘车回家。步行至半路，他的眼前忽然闪过一道熟悉的身影——那是从酒吧门口跟跄走出的黄伟。

黄伟似乎喝得烂醉如泥，迷迷糊糊地朝着路边一辆轿车走去，一脚踏空，差点栽倒在地。小帅连忙冲上前去扶住他，关切地问："你没事吧，黄伟？"

黄伟睁着朦胧的双眼，错将小帅当成了他的朋友："没事儿，彪哥，我这就开车回家。"

小帅听着黄伟的话，心头一紧，他知道若任由黄伟醉驾，那后果将不堪设想。没有丝毫犹豫，他扶着黄伟坐进了车的副驾驶位，自己则坐上了驾驶座。黄伟含糊不清地说出了家的地址，但小帅却怎么也听不明白。于是他干脆翻看手机中的项目资料，找到了黄伟的住址。

夜色如水，车辆在都市的灯火中缓缓行驶，周围的世界似乎都安静了下来。小帅此刻的心境难以言表，两个在人生道路上努力挣扎的灵魂，在这个不经意的夜晚意外地交织在了一起。他牢牢握着方向盘，默默地驾车前行，带着黄伟避开了命运的悬崖。也许，他在努力拯救黄伟的同时，也在为自己的心灵寻找一线光明，试图在自己的困境中找到出路。

（四）

第二天早晨，当小帅坐在办公桌前时，前一夜的场景如同一部电影，在他脑海中回放。他不禁深吸了一口气，他庆幸自己昨晚去了健身房，庆幸自己能够在那个路口正巧遇到了黄伟。他不敢继续去想，如果黄伟独自驾车回家，路上可能发生的种种危险。那些潜在的灾难仿佛一个个鬼影，围绕在他的心头。他知道，如果那些糟糕的忧虑变成现实，他手中的出险项目将再添一例，那可能会成为压垮他的最后一根稻草。

午后，小帅接到了黄伟的电话。他们约在了担保公司楼下的咖啡厅，希望能展开一番坦诚的对话。

小帅感到一丝紧张，但也带着解开疑团的决心，走进了咖啡厅。咖啡厅里的气氛放松而惬意，柔和的音乐在空气中飘荡。黄伟看到小帅进来，急忙站起身来，两手紧紧握住小帅的手："昨晚真是太感谢你了，如果不是你……"他的声音哽咽了。

小帅轻轻拍了拍黄伟的手背："没什么的，黄哥，大家都有各自的难处。如果在业务上需要我们的协助，您尽管吩咐。"

黄伟深吸一口气，继续说道："我知道你可能在担心我们公司。昨晚的那一幕，其实和你们提供的那一笔贷款担保有关。"小帅心中一紧，果不其然，又是一个可能出险的项目。

黄伟叹了口气，细数着自己的不幸："我们公司刚用贷款采购了一批GPU，用来加速我们的 AI 模型开发。但谁曾想，市场上突然推出了新款

GPU，性价比远超我们购入的那批，我们的投资一下子就大幅贬值。"

小帅聆听着，心中充满了同情："科技行业日新月异，采购的风险确实很大，稍有不慎就可能损失严重。"

黄伟苦笑："这种情况下，我们不得不再次采购。在这个竞争激烈的时代，一旦落后，就意味着被淘汰。"他停顿了一下，然后说，"市场永远是对的，错的只能是我们。"

小帅明白了，黄伟除了现有的贷款，还需要更多的资金来应对这次突发的市场变化。思索片刻，他给出了建议："我记得你们公司之前没有申请过知识产权质押，如果有更多的融资需求，不妨试试从这个途径来提高额度。"

对于昨晚的事情，小帅安慰黄伟："如果后面不出什么意外，我不会告诉其他人。我们每个人都会经历人生低谷，我相信每个人都值得有一次重新开始的机会。"他微笑着补充，"只要好好保护自己，机会总是比风险大的。"

小帅的话让黄伟眼前一亮，仿佛在绝望中看到了一线希望。他紧握着小帅的手，感激地点了点头。小帅的理解和支持，对他而言，就像是久旱逢甘霖，沁入心田。

危楼之下，悬崖之上

（五）

一周后，小帅在办公室里望着窗外，深秋的风带着落叶在空中翻飞，他的心情也如这秋风般纷乱。黄伟公司拟上调担保额度的评审会即将召开，小帅的内心掀起了巨大的波澜。他徘徊在一个道德的十字路口：是守住与黄伟的约定，将那个秘密深埋心底，还是遵从职业的操守，将事实呈现在评审委员面前。毕竟，如果事件曝光，黄伟公司的知识产权融资将受到影响。

就在小帅纠结不已之际，一则新闻吸引了他的注意——由于受到国外制裁，国内最新型号的高性能 GPU 被禁售。

小帅的手机震了一下，是黄伟发来的消息：由于市场环境的急转直下，公司决定暂停进一步的贷款担保申请。小帅注视着手机屏幕，心头涌起一种说不出的感觉，既有松了一口气的释然，亦有对黄伟未来道路的担忧。

他深知这对黄伟来说是一个艰难的决定。小帅轻轻地叹了口气，他知道在这个残酷的市场竞争中，每个人都必须做出最适合自己的决定。他在消息中回复了一句："无论前路如何，你都有我作为朋友的支持。加油，黄哥!"

小帅收起手机，再次望向窗外。秋风依旧，落叶纷飞，他却似乎看到了一丝不同的光亮。在这个复杂多变的世界里，每个人都在为生存和梦想而奋斗，而他和黄伟，就是其中的两个坚强的身影，他们同在都市的钢铁森林中寻找出路，而未来，虽然未知，却也充满了无限可能。

接着，小帅打开了一个全新的笔记本，那是他在心理咨询师的建议下购买的，用来记录生活与工作中的点滴。

每一个字都是他心路历程的见证，他写下了自己如何在工作的挑战中找到了坚持的勇气，如何在生活的低谷中寻看到了希望的光芒。

他记录了与黄伟的那次深夜相遇，以及他在内心中的挣扎。他写下了自己如何从一名被工作压力重重压垮的人，慢慢变成了一位能够帮助他人的知心良友。他还写下了自己通过心理咨询学会了自我安慰和自我鼓励，以及如何将这些正能量传递给需要帮助的人。他总结道：

1. 作为项目经理，在致力于担保项目的发展时，除了积极探索和开发新的项目机会，也不能忽视对现有在保客户的保后管理工作。保后管理是确保项目稳健运行和风险控制的关键环节，它涉及对客户财务状况的持续监控、合同履行情况的跟踪以及风险预警机制的建立。通过有效的保后管理，不仅能及时发现并解决可能出现的问题，还能够建立起公司的良好信誉和客户的长期信任。这样的双向努力，既能够提高客户满意度，又能促进公司业务的可持续发展，实现项目经理在风险控制和业务推进之间的平衡。因此，即使面对诱人的新项目机会，也必须保证足够的精力和资源投入保后管理中，确保整个项目组合的健康发展。

2. 保持与客户的定期沟通对于了解其业务进展、财务状况及管理层的任何变化至关重要，有助于及时识别潜在问题。通过定期访问，不仅可以加强与借款企业的关系，还可以通过面对面的交流更准确地把握企业的实际需求和挑战。实地考察企业可以验证所提供财务报告的真实性，并评估企业的运营情况、员工状况、经营环境和市场地位。此外，向企业提供及时的风险管理建议和优质金融服务，不仅能够提升担保机构的服务水平，还能增加企业的信任感和满意度。

3. 作为肩负着巨大责任和压力的项目经理，需要频繁应对各类复杂的项目和保后风险管理。然而，不断的工作压力和长时间的精神紧绷，将不可避免地影响个人的身心健康。因此，即使工作任务繁重，也必须意识到休息与放松的重要性。适时地给自己放个假，或是参加一场运动，或是与家人朋友共度美好时光，甚至是简单地进行一次深呼吸和短暂的冥想，都能有效地帮助减轻紧张状态，重振精神。劳逸结合不仅能够让身体得到必要的恢复，更能让思维更加敏捷，情绪更加稳定。一个身心俱佳的项目经理能以更清晰的头脑和更饱满的热情去迎接新的挑战，从而提升工作效率，推动项目向前发展。因此，维护个人的身心健康，对于任何一位担保项目经理来说，都是实现职业成功的关键因素之一。

二、朋友、客户与家人

赤壁之战，曹孟德大败，逃至华容道。吴侯火烧连营，曹兵死伤甚众，舟舰尽焚，曹公独骑匆匆，一路东奔。行至华容，忽遇云长当道。昔日曹公待云长以恩，今云长念旧恩，不忍加害，竟放曹公逃脱大难。此一举动，似乎仁至义尽，然亦催生后续诸多纠葛。世事如棋，行间知己，人情与规则，似两端砥柱，难以兼顾。于担保业之中，更须审时度势，揣摩人心，方能在不失人情之余，兼顾公道正义。

（一）

在那个没有智能手机和平板电脑的年代，小帅的童年充满着简单的快乐和纯真的幻想。每当放学的钟声敲响，孩子们就像脱缰的野马，奔向自己的秘密基地。对于小帅来说，那个基地就是邻居小邱家。

小邱的父母经营着一个不大不小的毛绒玩具作坊，因此，家里到处摆放着毛绒玩具，从小熊到大象，从真实动物到卡通形象，应有尽有。小邱的父母几乎总是在忙碌之中，不是接待客户，就是赶工期。而家中的毛绒玩具，就像是一个个守护精灵，静静地守望着这个小小的王国，让小帅和小邱有了无拘无束的欢乐时光。

小帅记得第一次踏进小邱家时，那份温馨是如此强烈。尽管大人们都外出忙碌，但屋子里的每一处角落似乎都在诉说着家的故事。最吸引小帅的是那面照片墙，上面挂满了小邱一家三口出去旅游的照片。小邱的父母笑容灿烂，搂着小邱，从雪山的巍峨到海滩的柔软，从古城的静谧到都市的繁华，每一张照片都是一次旅行的记忆，也是小邱家庭幸福的印证。

在学校里，小邱总是那个成绩出众、被老师表扬、被同学羡慕的好学生。他拥有的，似乎是小帅所缺少的一切。游戏机、漂亮的玩具、墙上的照片，在小帅的心目中，小邱是父母口中"别人家的孩子"。

然而，在小帅眼中拥有一切的小邱，却常常有着一股难以言说的郁闷。

生日时，当小邱的父母又送来一个毛绒玩具时，小邱的脸上并没有预期中的喜悦，反而是一丝难以察觉的失落。

"你知道吗，我真的不缺这些毛绒玩具。"小邱有一次向小帅抱怨，声音里带着一丝无奈。

小帅当时只是笑笑，他不理解小邱为何不满足。他不明白，为什么拥有了那么多，小邱还会感到空虚。在小帅的心中，那简直是不可思议的事情。

（二）

在小邱家的客厅里，光线透过半拉开的窗帘，洒在了满是回忆的家具上。小邱母亲的寒暄声中带着些微颤音，透露出岁月的痕迹。小帅回过神来，原来自己已不再是那个每天只盼着放学去玩游戏机的小男孩，而是一名担负着重任的项目经理。

他此行的目的，是为了给小邱父母的公司提供担保服务，这家公司现在已经发展成一家有着数千万营业额的毛绒玩具与抓娃娃机制造商。而他正在做的，是通过尽职调查，以确保项目符合担保公司的评审标准和风险管理要求。

不同于往常的工作环境，这次与企业老板的会面是在一个充满温馨回忆的地方进行。坐在那个曾经留下他童年欢笑的客厅里，情感和工作的边界变得模糊。小帅、小邱和他的母亲三人聊起了往昔，提到那次两个孩子在厨房里的烹饪"冒险"，差点让整个屋子陷入火海。那是一段无忧无虑的时光，但现在的谈笑多了几分成年人的沉稳。

随着交流的深入，小帅察觉到了一丝不同寻常。小邱母亲似乎在刻意回避提到小邱的父亲，而且他今天也没有出现。小帅知道小邱的父母分工明确，母亲负责公司的内部管理，而父亲则是外部市场的开拓者。在小帅的印象中，小邱的父亲总是忙碌，经常出差，所以他并未追问。

小帅的目光不经意地扫过曾经的照片墙，那面墙现已变成了一面置物架，上面摆满了各种文件和材料，落满了灰尘。这细微的变化让小帅心中掠过一丝不安，但他很快将注意力收回，继续聚焦在手头的工作上。

经过两个小时的亲切交流后，小帅带着对小邱父母公司近况的了解离开了。回到担保公司后，他便开始整理收集到的资料，编写尽职调查报告。

坐在办公室昏暗的光线下，小帅的手指不自觉地在键盘上缓慢跳跃，每一次敲击似乎都带着不寻常地沉重。屏幕上的光标在闪烁，诉说着尚未完成的工作。小帅的思绪也随之飘远，飘到了那个充满温馨记忆的地方——小邱家的照片墙、充满欢笑的客厅，还有那对总是忙碌的父母。

在理智的角落，小帅知道他应该将工作中的职责和个人情感严格地划分开来。可是，在那些回忆的牵扯下，他发现自己的警惕正在一点点放松。曾经的童年时光，那些简单的快乐，家的温暖，这些都深深地烙印在他的内心深处，无形地影响着他的判断。

他试图清醒，但那些画面仿佛有了自己的意志，不断地浮现。他需要客观地分析报告，但他的心却被过去温馨的记忆牢牢抓住。小帅发现自己正在失去那份作为专业人士的坚定和清晰，个人的情感悄然渗入了他的工作中，让他的手在键盘上变得迟疑。

这个混乱的时刻，是小帅职业生涯中的一个微妙转折点。他意识到，自己需要重拾那份专业的冷静，但心中的斗争却异常激烈。他在个人情感和职业责任之间徘徊，试图找到一个平衡点。而这份挣扎，在那份尚未完成的报告中，悄然写下了他内心的纠结。

朋友客户与家人

（三）

夜幕低垂，霓虹灯光在城市的每一个角落跳跃，反射着梦想与现实交织的微光。小帅踏出办公室，心情如同这夜空中最亮的星，因为小邱父母公司的项目顺利通过了评审会。他迫不及待地拨通了小邱的电话，想和好哥们分享这份成功的喜悦。

"今晚我请客，我们去喝一杯。"电话那头，小帅的声音充满了兴奋。

"好的，兄弟。"小邱的声音平静，透着一种淡淡的期待。

他们相约在了一家风格复古的酒吧，这里的灯光柔和，音乐悠扬。小帅一进门，就看到小邱已经在角落的位置坐好，他的身影在昏黄的灯光下显得有些孤独。

小帅走过去，打趣着拍了拍小邱的肩膀："今天这一杯，算是我对你父母公司的贺礼。"

小邱微微一笑，却没有多少喜悦。两人聊着近况，很快话题转到了小邱的父亲身上。小邱的声音中带着一股沉重，他说起了自己和父亲之间日渐稀少的交流。他感慨自己懂得父爱如山，却越来越难以和父亲有更深的沟通。

小帅微微带着一丝调侃的语气回忆起他们的童年往事："你现在在游戏公司上班，这对你爸来说是不是有点讽刺？他不是总试图让你远离游戏机吗？"他记得当年小邱的父亲经常从工厂赶回家，气喘吁吁地出现在他们游戏时间的尾声，决不允许小邱沉迷于电子游戏之中。

小邱微微一笑，那笑容中带着些许成年人的深沉与释然："的确，我爸那时候对于我玩游戏管得很严。现在想来，如果不是那些年他的严格，也许我对游戏不会有现在这样深刻的理解和热爱。"

两人对酌着，窗外的夜色越发深沉。街道上的行人来来往往，夜晚的凉风穿梭其间。小帅的心情似乎被这凉风轻抚，他感受到了小邱心中的沉重。在这个熙熙攘攘的夜晚，两个男人坐在那里，一个神采飞扬，一个心事重重，形成了鲜明的对比。

（四）

时间如同白驹过隙，一年的光阴在忙碌中悄然流逝。小帅和小邱，两个曾经的少年，各自在成长的道路上稳步前行。小帅作为担保公司的项目经理，为小邱父母的公司提供了专业的服务，这家公司也确实证明了自己是一位优质的客户。一年里，贷款的偿还稳健有序，公司经营状况也一切正常。在续保的评审会上，项目的额度不仅顺利通过，还在原来的基础上增加了百分之三十，这无疑是对小邱父母公司信任的体现。

然而，在这风平浪静的背后，却存在着暗流涌动。两个月后，当小帅接到小邱电话时，电话那一头的颤抖声让小帅心中瞬间充满了不安。他匆忙赶到小邱家，眼前的场景让他心里沉了沉。屋内各个卧室房门紧闭，室内的气氛与往日的温馨相比，多了一份令人窒息的沉重。

小帅步入了小邱家的客厅，只见小邱母亲静坐在沙发的一侧，满面愁云，眼神中透露出无言的忧虑。小帅急忙坐到她身边，温声询问着小邱家中发生的事情。

小邱的母亲吐露了家族企业的危机，言语中满是无奈。原来，小邱父母的关系已经走到了尽头，不久前结束了多年的夫妻关系。而更让人揪心的是，小邱的父亲利用自己多年经营所积累的客户资源，开辟了一家新的公司，将原本家族企业的订单一一转移。

随着对话的深入，小邱的母亲透露出了更多的矛盾。原来，夫妻俩在经营理念上的分歧由来已久，一切的源头是投资抓娃娃机业务，小邱的母亲认为这项结合了技术和创新的新兴业务，不仅能搭配他们的毛绒玩具销售，还能开辟新的市场。然而，小邱的父亲对此却持保守态度，他认为高昂的研发投入和市场不确定性，会让这个新业务成为一个风险过大的赌注，因此主张应该将资源集中在传统的盈利模式上。

尽管抓娃娃机最终成功推向市场，并且收到了一些客户的正面反响，但销售成绩并未如预期般突飞猛进，这使双方的争议越发激烈。后来，当公司需要贷款担保以扩展业务和增加流动资金时，两人的矛盾达到了顶峰。小邱的父亲坚定反对负债经营，认为债务只会带来不必要的风险，而非保障了公司的未来。

　　小帅此时方才了解到，原来一年前在小邱家中未见小邱父亲的身影，背后竟隐藏着这样深层的家庭和商业冲突。他心中不由得感到一丝悲凉，作为小邱的挚友，他目睹了这个家从创业到分裂的全过程。他看向小邱，此刻正轻声安慰着自己的母亲，小帅却发现自己竟然不知如何开口，也不知该用什么话语来安抚这两位曾经视自己为家人的朋友……

（五）

　　小帅的心情沉重，他知道接下来必须要做的是冷静而理性的风险管理。他回到担保公司后，没有任何迟疑，立即将这个潜在的出险项目情况上报。公司迅速成立项目应急小组，所有必要的措施都在有序地推进。

　　在紧急召开的会议上，小帅详细汇报了项目的来龙去脉。他的汇报清晰而客观，分析了反担保情况。幸运的是，原夫妻两人都是项目的反担保人，这在一定程度上减轻了公司可能面临的损失。尽管如此，小帅的心中依然充满了忧虑，毕竟这涉及他多年的朋友小邱及其家庭。

　　会议结束后，小帅并没有松懈，通过他的积极协调，小邱父母公司的担保项目得以提前还款，顺利结束了担保关系，这至少保证了担保公司不会在这次风险中遭受损失。

　　不久之后，小帅得知小邱的家搬来了新的住户。看着别人在那个曾承载他无数次欢笑的地方来来往往，小帅的心中涌起了一丝淡淡的哀愁。那个属于小邱家的照片墙，那个曾经共同玩耍的游戏机，那份童年的快乐，现在只能在记忆中寻觅。

　　坐在办公桌前的小帅，面对电脑屏幕，开始编写总结报告。每一次敲击键盘都像是在记录一个家庭的变迁，一个时代的更替。

　　首先，小帅承认在首次业务接触和二次续保时，因为与小邱一家的熟人关系让他的职业判断力受到了影响，没有对该项目做更深入的调查。小帅反思道，在担保项目中，即便面对的是熟人客户，尽职调查的重要性也不容忽视。尽职调查的核心目的在于获取关于贷款或投资项目的客观且全面的信息，需要确保决策基于真实可靠的数据。对于熟人客户，不能仅凭信任而假定他们提供的信息无懈可击，必须通过独立调查去核实信息的真实性。此外，即使是熟人客户，也有可能存在欺诈行为。通过细致的尽职调查，可以揭露潜在的欺诈，从而保护项目不受损失。不严格的尽职调查还可能引起外界对于利益输送的猜疑，这对机构的管理层和员工都是极其不利的。同时，不容忽视的是，担保机构的信誉和业绩与项目表现紧密相关。如果因为与客户的熟识关系而轻视尽职调查，可能会导致项目担保失败，进而损害担保公司的声望和财务稳定。因此，无论客户是熟悉还是陌生，担保公司都应坚持执行彻底的尽职调查，这是确保其专业化运作和持续健康发展的关键所在。

其次，小帅肯定了夫妻共为反担保人的措施在该项目中发挥了重要作用。这样的安排确保了在债务人公司无法履行债务、发生违约的情况下，夫妻双方的个人资产可以用于偿还债务，从而为债权人提供了额外的保证。由于夫妻共同经营公司往往涉及财务上的密切联系，他们共同担任反担保人能够确保双方共同承担风险，并阻止任何一方通过转移资产等手段逃避债务责任。

最后，小帅总结，做业务时经常会碰到夫妻共同经营的一类公司，项目经理应该注意以下几个方面。

1. 夫妻关系稳定性：夫妻之间的关系稳定性直接影响到企业的管理和运营。如果夫妻关系出现问题，可能会导致公司决策的僵局、管理混乱，甚至会影响到公司的长期发展。因此，了解夫妻关系的稳定性有助于评估公司未来可能面临的风险。

2. 经营理念一致性：夫妻双方的经营理念和目标是否一致，将直接影响公司的战略规划和执行效率。如果双方在核心的经营理念、发展战略或业务重点上存在分歧，可能会导致决策迟缓或错误决策，影响公司的发展和对外合作。

3. 所有权及分工：确认夫妻双方在公司中的股权分布以及他们的具体职权，确保双方在公司中的角色和责任分工明确，有助于保证公司运营的顺畅和高效。如果双方职责重叠或不明确，可能会导致内部矛盾和效率低下。

4. 婚姻状况和财产协议：了解夫妻双方的婚姻状况，是否有婚前财产协议或其他财产分割协议，这些协议可能会影响到公司资产的归属和处理。

5. 业务持续性风险：评估如果夫妻中的一方或双方因任何原因无法继续

管理公司时，公司的业务持续性和管理层的稳定性。了解公司是否有明确的继任计划和风险管理机制。特别是一方因健康、个人原因或其他不可预见情况无法继续工作时，公司是否有应对策略。

6. 个人与企业界限：确认夫妻双方是否能够在个人关系和商业关系之间划定清晰的界限。如果不能很好地区分这两者，可能会导致个人问题干扰企业决策，或者企业资源被用于解决个人问题。

三、"银担"之恋

不确定性遍及我们的工作与生活，智者千虑，难免一失。《战国策》言："见兔而顾犬，未为晚也；亡羊而补牢，未为迟也。"敢于正视错误，时时拂拭，百尺竿头可进一步。有道是福祸相依，境随心转，但说来轻巧，个中的跌宕起伏，小帅与小玲回忆起来都捏了一把汗。

（一）

夜色如绸，天际间的星辉在城市的霓虹下显得格外温柔，柔和的灯光从小居室的窗口透出，洒在静谧的小巷子里。室内，小帅和小玲的影子在墙上重叠，仿佛诉说着他们简单又幸福的婚后生活。

餐桌上，几盘色香味俱全的家常菜肴散发着热腾腾的锅气。小玲的烹饪技艺越发娴熟，每一道菜都透露着对生活的热爱和对小帅的深情。

两人轻轻碰杯，盛着白开水的酒杯在灯光下闪着晶莹的光芒，那份平淡中的幸福感油然而生。没有了红酒的陶醉，却有着更加深邃的相知相守。他们相视而笑，眼中闪烁着对未来无尽的期待。

餐后，小玲安静地坐在单人沙发上，腿上铺着一条柔软的毛毯，脚尖轻轻摇摆着，宛如悠闲的猫儿。小帅则慵懒地躺在沙发上，手中的空水杯随着他轻松的动作反射出斑斓的光点。他们在悠闲与斑斓中缓缓地穿梭回那个如同电影剧本般编织的初次相遇。

记忆中，那是一个洒满阳光的午后，银行小微金融部门的项目经理小玲携手担保公司的项目经理小帅，步入了一家待开发的企业。在会议室里，小玲以其专业且柔美的风采，给小帅留下刻骨铭心的印象。他们在讨论中交锋，各自对财务数字的深入洞察和对市场的敏锐分析，让一份情谊在他们之间默默生根。

随着项目进度进入尾声，小帅鼓足了勇气，向小玲发出了晚餐的邀请。在那个温馨的晚餐桌前，他们把酒言欢，从工作上的小故事到生活中的点滴趣事，两人对彼此的了解也在对话中逐渐加深。

晚餐后，小帅在清纯透彻的月光下送她回家，那时候的月色恰到好处，街灯下映衬着他们伸长的身影，他们分享着各自的梦想与往事，仿佛有一种神秘的魔力将两颗心灵逐渐拉拢。

小帅忽然转头看着小玲："还记得那次我们在客户的大楼顶上一起看夜景吗？"他的眼中闪烁着一份俏皮的光芒。

小玲含笑回应："怎么会忘记呢，那天风儿甚是喧嚣，我的文件差点就飞走了，是你伸手稳稳地抓住了它们。那个瞬间，我心想，我们之间的关系或许早已超越了工作上的合作。"

小帅沉浸在那些与小玲共同奋斗的日子里，当初，他们彼此扶持，共同进步。在那段时间里，他最期盼的就是和小玲一起外出调研客户，几乎所有的好项目都是小玲向他推介的。慢慢地，小玲不仅成为他工作的动力，更是他职业生涯中的坚实后盾。然而，随着时间的推移，他感到了一种微妙的变化：与小玲合作的机会越来越少，银行所推荐的项目质量也开始下滑。去客户公司进行尽职调查时如果没有小玲，他的心思会飘远，直到 B 角项目经理的提醒，他才恍惚地回到现实。

小帅的目光从远处的回忆中收回，他轻声向小玲询问："你最近加班这么频繁，一切还好吗？我注意到你的白发似乎又多了几根。"

小玲微微叹息，答道："是啊，现在市场的环境变化很大，利率下行，我们银行放宽了贷款条件，很多以前需要担保的项目现在得我们亲自上手。"

小帅继续说道："我们也一样，优质项目越来越难找，风险也大了不少，我真希望能替你分担些。"

话音刚落，小帅便站起身，开始收拾桌子上的餐具，想要以实际行动来分担小玲的压力。此时，夜色正浓，月光洒在窗台上，两人的身影在室内显得越发孤单，窗外的树影婆娑，似乎在无声地诉说着曾经的亲密无间是如何慢慢地被日常的忙碌所稀释。

（二）

一天晚上，小玲回到家中，寂静的居室里只剩灯光微弱地闪烁。她注意到沙发上正"葛优躺"的小帅，他的身影像是一条无力的河流，在夜色中流淌。小玲的声音穿过房间的宁静："今天加班有点晚，快换上外衣，我们出去吃饭吧。"但小帅仿佛没有听见，依旧无动于衷。

小玲走近沙发，看到小帅脸庞上覆盖着忧郁的阴影，那是工作重压在他脸上刻下的痕迹。她关切地问："怎么了，公司里有人欺负你吗？"

小帅抬头，眼中闪过一丝无助："我又上了公司的业绩黑榜，已经连续第三个月了。"他叙述了当天与部长的谈话，那些话语如同重锤，敲打在他的自尊上。小帅的声音沉重，"你自己去吃吧，我没胃口。"

小玲的心里一阵紧绷，她提出要帮小帅带饭，却被小帅拒绝了。

独自坐在餐厅的角落，小玲咀嚼着食物，心中如同被厚厚的冰雪覆盖。她清楚地意识到，小帅业绩的下滑与她不无关系。但在严峻的外部环境下，她在银行身为一名普通的项目经理能做的太少了。项目的决策大权不在她手中，她想帮助小帅，但束手无策。

小玲回到家，小帅依然躺在沙发上，他开始沉迷于手机游戏中的世界。茶几上零食的包装袋凌乱不堪，像是他心情混乱的写照。小玲没有说话，她默默地清理了茶几，再将那些堆积如山的脏衣物一一投入洗衣机，开始做起了家务。

在这个夜晚，家这个温馨的避风港湾，被两人的心事和压力填得满满当当。

（三）

早上的阳光透过玻璃窗洒在小帅的办公桌上，他却像被抽去了所有精力，无神地盯着电脑屏幕。一阵电话铃声打破了这份沉静，小帅一愣，拿起手机，屏幕上显现的是小玲的名字。他心里一动，开口调侃："哦，这么难得，你居然还记得我。"

小帅的玩笑话音刚落，小玲便急切地打断了他，语气里充满了紧张和急迫："记得我们一起做的那个锂电池回收项目吗？昨天是他们还贷的最后期限，但是款项在账上却神秘消失了。"小帅愣了一下，不解地回应道："前天你不是还跟我确认说款项已经到账了吗？怎么现在又出现问题了？"小玲迅速回答："我们刚刚发现账户里的款项昨天中午突然被转走了，现在打他们公司的电话也无人接听。我现在手头工作太多，脱不开身，你能不能帮我去看看是怎么回事？"

小帅的心头一震，他瞬间从慵懒的状态中振作起来，一股使命感油然而生。他马上起身，驱车直奔那家锂电池回收公司。这次项目的潜在风险似乎重新点燃了他对工作的热情。

抵达工厂，小帅立刻就注意到了与往常迥异的氛围。往日里机器轰鸣、工人忙碌的场景不复存在，相反，他看到很多工人闲散地坐在设备旁，拿着手机消磨时间。那些曾经堆如山的废旧新能源汽车电池模块明显少了很多，令人不禁感到一阵心慌。

办公区域里，小帅找到正在焦急通话的公司老板张驰。张驰前额上的几滴汗水格外显眼。直到那通电话结束后，张驰才注意到小帅的到来，并匆忙将他带入了办公室。

张驰一边擦着额头上的汗珠，一边忙不迭地解释："我接了一上午电话，几乎都是在打探我们公司的情况。我们现在确实资金链紧张，原本准备还给银行的钱，现在不得不先应急付给供应商，否则他们就不供货了。我们实在是筹不到其他资金了，小帅，你能不能帮我们在担保公司那边说说话，争取宽限一下？"

小帅的脑海中快速闪过各种可能性，他很快就串联起了事件背后的逻辑。原来张驰利用了银行自动扣款系统在贷款到期日次日零时后才执行的空窗期，导致了贷款逾期的局面。

小帅深吸了一口气，他对张驰说："我会回去跟同事和银行沟通，看能不能找到解决方案。但我得提醒你，这次的事情给我们所有人带来了很大的风险，我希望你们公司能够以更加负责的态度面对。"

准备返回担保公司的小帅，正要拨打电话给小玲，手机却预先一步响了起来，是小玲的来电。

"小帅，我刚刚跟上司谈了。"小玲的声音透过电话传来，听起来有些沉重，"我上司的意思是，银行目前主动对此负责的可能性不大。你知道的，最了解企业情况的还是你们担保公司……"

小帅双手按在方向盘上，感到一阵无力。事情似乎变得复杂起来，他尝试着保持镇定，回应道："我理解你，小玲。"

"我知道，"小玲的声音中透着一丝无奈，"我这边也会继续跟踪这件事情的进展。我们都在一条船上，无论如何，我们得一起努力。"

通话结束后，小帅沉默了片刻。他知道，接下来的道路将充满挑战。他必须在担保公司、银行和客户三者之间找到一个平衡点。而这个决策不仅关乎一家企业的命运，也可能是他和小玲共同职业生涯中的一个重要转折点。

（四）

回到担保公司，小帅没有丝毫迟疑，立刻上报了刚刚发生的情况，并迅速召集了一场紧急的风险处置会议。面对公司历史上首次遭遇的这类特殊情况，风控经理们围绕着会议桌热烈讨论起来。

讨论持续了一段时间，最终分成了两个阵营。一派认为，锂电池回收公司在还款日履行了偿还义务，担保公司的责任自然终止。他们认为，资金被二次转出是银行和企业间的另一场交易，银行应该为自己的管理疏漏负责，担保公司不应代为偿还。

另一派则认为，由于法律和行业规定在还款时点等细节上并没有明确的界定，且银行与担保公司的合作协议也未明确规定这一点，在这样的情况下，担保公司是否免责存在争议。他们担忧，拒绝履行代偿责任不仅会损害公司的信誉，还可能影响到与银行的长期合作关系。因此，众多经理认为履行代偿责任是最为稳妥的选择。

随着讨论声渐渐平息，所有人的目光逐渐汇聚到了小帅身上。虽然小帅不是风控部门的负责人，但由于他是该项目的直接负责人，同时也是与银行联系最为紧密的关键人物，他的意见自然尤为重要。

小帅在认真聆听了各方的意见，仔细梳理了手头的资料后，沉思片刻，缓缓开口："如果我们选择逃避代偿责任，我们与银行的关系将受到损害。而且，一旦银行也摆出一副不负责任的态度，我们将陷入更加被动的境地。因此，我们不妨利用现有资源，主动出击，化解危机。"小帅的这番话，似乎也在暗示着他与小玲的关系。

他继续分析："虽然锂电池回收公司老板提供的个人房产作为抵押物价值不是很高，且变现有一定的困难，但该项目的反担保单位经营稳健，有能力承担担保责任。我们的追偿工作虽然不会一帆风顺，但形成损失的可能性并不大。"

"另外，我在现场调查和与张驰的面谈中了解到，企业之所以紧急挪用资金，是因为迫切需要过桥资金，这次事故并不代表企业没有还款能力。在工厂，我注意到虽然生产几乎停滞，但员工并没有大规模离职，这表明一旦原材料供应恢复，企业有望迅速回归正常的业务循环。"

"所以，我的建议是立即启动代偿程序，与银行协作，准备好所有必要的代偿文件和法律手续，为可能的诉讼做准备。最理想的情况是，在我们采取行动查封张驰的资产之前，他能够找到资金解决这笔欠款。"小帅坚定地结束了自己的发言。

（五）

张驰的行为虽然在还款问题上显得无赖，但在企业运营上，他却无比投入和尽职。在贷款逾期的这段紧要关头，他几乎夜以继日地在办公室加班，不是在咖啡与文件中度过就是在工厂中亲自监督生产，确保一切按计划进行。当供应商终于送来了急需的原材料，张驰指挥工人们加班加点，及时回笼了资金，就在他即将被列为失信人之时，及时偿还了所有欠款。

随着风险事件的平息，担保公司内部召集了一场风险项目复盘会议。会议室内，一排排座位上坐满了各部门的精英，他们的目光都集中在了小帅身上，他正在将这次事件的始末做一个详尽的汇报。

小帅的声音清晰而坚定，他不仅重现了事件的每一个关键转折点，还详细描述了自己与银行沟通的过程以及在锂电池回收公司的所见所闻。会议室内回响着他的叙述，同事们的表情从紧张转为赞许，他们对小帅的敬意在欣赏的眼神中显而易见。

法务部门负责人站起身来，正色发言："这次事件暴露了金融机构操作中的潜在风险，这对我们来说是一个警钟。"他的目光环视了一圈，"从即日起，我们将启动一项全面审查，更新与所有金融合作伙伴的合作协议。我们必须确保在其中加入细化的免责声明条款，确保担保业务中的每一步操作都牢不可破。"

创新业务部的负责人接过话茬："我们的确在快速响应企业融资需求和提供创新金融服务上有所不足。"他拿出了一份报告，"这里是我部门对在保客户的最新分析，我们可以通过引入多样化的金融产品，如小额贷款、供应链金融方案和保理服务，来满足各种类型企业的融资需求。此外，我们将加强与客户的沟通，提高他们对这些金融工具的认知度，帮助他们更好地管理现金流，防范财务风险。"他的话语中充满了在创新融资服务上的雄心壮志。

会议最后，担保公司的总经理站起来，他的目光扫过每一个人，深刻总结这次事件给公司带来的教训。他的声音坚定而有力："我们必须从根本上改进我们的业务流程，以防止类似的风险再次发生。这包括加强对借款企业经营状况的监控，以及对我们自身业务流程中的潜在弱点进行修正。"

总经理停顿了一下，目光透过会议室的窗户，仿佛在寻找未来发展的方向。他继续说道："同时，我们不能停留在传统担保业务的舒适圈里，我们必须探索创新金融业务的机会。"他开始勾勒一个宏大的蓝图，"未来，我们将投入更多资源，打造更加多元化的金融服务平台，提供定制化的解决方案，帮助企业解决资金周转和成长扩展的问题。我们不仅仅需要在他们遇到困难时提供帮助，更要与他们在成长道路上携手并进。"

总经理的话语在会议室回荡，激发了在座每一个人的思考。在这次风险事件的教训中，担保公司不仅看到了风险管理的重要性，更看到了创新与服务的无限可能。

（六）

会议室的门在小帅身后缓缓关闭，踏出公司的那一刻，他心中有了一个决定。今天，他要给小玲准备一个特别的礼物。他意识到，无论工作上的风波怎样起伏，关键在于他们如何面对，如何一起重新点燃昔日的激情和梦想。

小帅回到家，迅速行动起来。屋内很快被点燃的烛光所温暖，微弱的光芒在整洁的屋子中跳跃，营造出久违的温馨又浪漫的氛围。餐桌上，他摆出了自己亲手准备的几道家常小菜，虽然简单，却透露出他的用心。他还特意去了小玲最喜欢的餐厅，打包了两道招牌菜，以免自己的厨艺不尽如人意。

当小玲推门而入时，映入眼帘的一切让她愣住了。小帅带着歉意而又充满期待的微笑说："好久没下厨了，手艺可能有点生疏，但今晚，请你多多担待。"

晚餐中，他们举杯轻触，红酒的甜美在两人之间流淌。他们畅谈着各自在工作上的新变化，没有避讳，直面了彼此心中的忧虑和工作上的压力。那些关于感情上的误解与裂痕，在这真挚的交流中逐渐被理解和宽恕所取代，各自的心结也被逐渐解开。

"银担"之恋

饭后，小帅起身清洗碗碟，而小玲则静静坐在餐桌前。她观察着小帅忙碌的身影，心中涌动着温柔的情感。她拿出笔记本，笔尖在纸上飞舞。写完后，她小心翼翼地将那页纸撕下，折叠好，找到合适的时机，悄无声息地放入了小帅的公文包。

清晨的阳光透过窗子，照亮了小帅的办公桌。他打开公文包，一张纸让他的心跳不由加速。这是小帅第一次收到小玲的情书，小玲的文字，充满了深情和支持。他的眼睛一行行跟随着文字，感受到了小玲对他的坚定信任和鼓励：

作为一个在银行打拼多年的项目经理，我想和你分享获取客户的方法，有助于你更少地依赖传统银行渠道，希望能为你日后的工作带来启发。

1. 你可以着手构建一个坚实的合作伙伴网络。可以考虑与会计师、律师和财税顾问等专业服务提供商建立紧密的合作关系。通过这些专业人士的推荐，你将有机会接触到新的潜在客户。此外，与行业协会、商会以及创业孵化器等机构合作，也是一个不错的选择。积极参与各种沙龙活动、研讨会和行业会议，不仅能够帮助你拓宽视野，而且是吸引新客户的绝佳机会。在这些场合，你要大胆地向企业家们介绍担保公司的服务和优势，让他们看到选择你的价值。

2. 提供卓越的客户服务是留住客户的关键。一旦你通过稳健的风险管理和成功案例建立起良好的声誉，你的客户满意度和忠诚度自然会提升。这将有助于你塑造一个专业且值得信赖的形象。当你的服务得到客户的认可时，他们会更愿意向他们的朋友和商业伙伴推荐你。通过这种方式，你的客户群体将会逐渐扩大，因为当他们的朋友需要融资服务时，首选就是你——提供过卓越服务的项目经理。

希望这些建议能够对你有所帮助，一起努力，加油！

第二节　走火入魔

一、项目经理的救赎

朱熹有诗云："世路无如贪欲险，几人到此误平生。"世间诸罪，皆由贪心所起；众多烦恼，亦因贪念所生。贪欲之心，如草野火种，稍不留神，便成燎原之势，铸下弥天大错。是以，凡诸项目经理，宜以此诗自警，知欲而节之，戒贪而远之，常思贪欲之害，勿至缧绁束身，悔之晚矣，无济于事矣。

（一）

午后的阳光透过铁栅栏，显得异常黯淡。此时，监狱餐厅却因为红烧肉的香气而显得格外热闹，犯人们交头接耳、窃窃私语，时不时地还传出一阵叫好声。今天，他们终于能吃上一顿红烧肉了。这不仅是这个月改善伙食的日子，也是阿东入狱满半年的日子。

坐在冰冷的铁板凳上，阿东的眼神平静而深邃，他的目光悄然掠过对面狱友们的脸庞，那些因为红烧肉而流露出的喜悦和贪婪，让他不禁轻蔑地皱了皱眉。阿东的视线落回自己的餐盘上，那一块块油光闪闪的肥肉并没有勾起他的食欲。毕竟，他曾经也是穿梭于高级餐厅、享用顶级美食的人，怎会因为一顿红烧肉而失态呢？

阿东的思绪不自觉地飞回到那个华丽的宴会上——五年前的某个灯光辉煌的夜晚。当时的他，像今天的狱友们一样，对于眼前的山珍海味露出了稀奇的神色。可那时的他，还不知道这些风光背后的代价有多沉重。

记忆中的宴会厅金碧辉煌，水晶灯绚丽的光芒映照着旋转餐桌上的一道道佳肴。老板大彪用一双镀金筷子，夹起一大块龙虾肉，满面笑容地放入阿东的碗中，言语中带着深深的谢意："阿东，你真是我们公司的救星，你为我们做的那笔贷款担保，简直就是雪中送炭啊！"

阿东虚心回应，心里却暗自思量。他只是做了分内的工作，大彪为何要如此隆重？他的内心深处开始泛起涟漪，这是他头一回感觉到，原来"雪中送炭"可以带来这样的荣耀和享受。

龙虾肉在口中化开，那股鲜美的滋味如同大彪的赞誉一般，深入骨髓，使阿东的心沉醉。他应和着大彪的敬酒，脑海中悄悄生出一种奇异的念头，那是一种对权力和地位的渴望，一种想要再次尝到这份赞许的欲望。

"今夜，我们都是兄弟！"大彪的话让阿东的意识在美酒佳肴中渐渐模糊，那种沉浸在华丽宴会中的快感，在他的内心种下了一颗危险的种子。

突然，一阵刺耳的金属撞击声将阿东拉回现实。餐厅的大门被重重关闭，狱警的声音从广播中传出："安静！开饭了！"犯人们纷纷低下头，狼吞虎咽地吃了起来。

阿东却格外从容，他并没有将勺子伸向那令人垂涎的红烧肉。相反，他轻轻拿起一旁的汤碗，碗里的白菜汤清澈透明，一片菜叶在水面悠然荡漾。

他的目光变得柔和，回忆又一次翻越了高墙，回到了那个奢华的宴会上。大彪在介绍那道开水白菜时特意对他说："阿东，你别小看这道菜，它虽然简单，但这高汤的底子可是用心熬制的，选料考究，无比醇厚。"

没有色香味俱全的大餐，也没有手机上的美食节目，阿东只能用记忆中的味道安慰自己。他用手中的塑料勺轻轻搅动汤碗，看着那片菜叶在汤中旋转，就像一条正被暴风雨击打的小船，努力在旋涡中保持平衡，但最终不可避免地被旋涡所吞噬。

（二）

午餐的余味仍在舌尖徘徊，犯人们被带到了户外操场，这是监狱生活中难得的自由时刻。阳光从云层的缝隙中透出，为绿色的草坪铺上了一层金辉。阿东深吸一口气，感受到这里的空气虽然带着自由的气息，但却依然夹杂着冰冷的铁锈味。

　　他穿过操场，来到了篮球场，在角落里选了一张长椅坐下，默默观望着狱友们打球。

　　场上狱友们的球技显得有些生疏，篮球时不时地撞击在篮筐上，发出沉闷的声响，那声音在阿东耳边回响，仿佛牢房铁门关闭那一刻的回音。这声音让他感到不适，而更深层的记忆也随之涌现。

　　两年前，他已然成为一名老练的项目经理。那时，与企业老板共进豪华晚宴，已成为他日常工作的一部分。那天，他到访了一家体育用品企业，这是对企业刚刚放款后的一次保后跟踪，他需要确认贷款的使用情况，并探询是否有进一步的融资服务需求。

　　虎哥是这家企业的老板，他热情地带着阿东参观工厂。他们来到一台崭新的压铸机前，虎哥指着它对阿东说："阿东，这台压铸机正是我们用贷款购置的，它让我们在同行中抢得先机。借助这种一体成型工艺，生产篮球架的效率和质量都有了质的飞跃。"

　　阿东用手抚摸着篮球架，告诉虎哥，虽然他们的技术领先，产品优秀，但财务数据并不出众。项目预审会上的评委们并不看好他们公司的发展前景。多亏自己在正式的评审会前，私下里跟他们说了不少好话，才使贷款批准过程变得顺利。

　　虎哥被阿东的信口雌黄唬住了，心中不由得掠过一丝惶恐。事实上，虎哥的企业通过评审会本就游刃有余，结果却被阿东用无中生有的方式重新描绘。虎哥没看穿其中的弯弯绕绕，着了阿东的道。他预见在未来的日子里，可能还需要阿东的"协助"。为了培养良好的关系，他决定对阿东进行一番周到的"公关"。

　　"阿东经理，真的非常感激您对我们公司的信任和支持。"虎哥诚恳地说道，同时心里也在盘算着如何进一步巩固和阿东之间的关系，"听说您对篮球也颇有兴趣，正好我这里有一个篮球，是我们专门为联赛生产的，市面上可不容易买到。"他示意助理走到一旁，低声传达取球的指示。阿东的眼中闪过一丝狡黠，那是一种对权力和金钱的渴望。他知道自己可以更进一步，体验那越界后的刺激。

　　"虎总，这篮球在市场上，能卖个什么价？"阿东问道，话语中的意图不言而喻。虎哥心知肚明，阿东看过公司的销售数据，怎么可能不清楚这篮球的市场价值。他不动声色地回应："几百块吧，阿东经理，这点小事不在话下，我们肯定不会让您吃亏的。"

当阿东离开时，他拎着那个装有"篮球"的手提袋，感受着其中的分量，想着凭借一己之力，让这些企业家们俯首帖耳，心中自然已是得意扬扬。他把手提袋放进汽车，向虎哥告别，嘴角露出了得意的笑。

然而，现实给了他一记响亮的耳光，一只篮球从天而降，猛烈地砸中了阿东的脸。一瞬间，他从回忆中惊醒过来，自由世界里的豪车变成了眼前监狱的高墙。他蹲下身子，捡起那个略有磨损的篮球，勉强挤出微笑，递给了场上的狱友，"大哥，不好意思，球给您。"

那个刹那，让阿东又一次痛苦地意识到，他现在已不再是那个能够左右他人命运的项目经理，而只是一个监囚内毫不起眼的小角色，唯唯诺诺地生活在这个由铁栏杆围成的狭小世界里。

（三）

随着午后钟声在监狱厚重的墙壁间回响，劳动改造的时间悄然来临。阿东被带到了监狱内部的制衣厂。这里弥漫着机油和布料的气味，混杂着囚犯们身上的汗臭。他被分配到一台嗡嗡作响的电动缝纫机前，负责缝制那些单调乏味的囚服。

阿东坐在缝纫机前，手脚机械地移动，那声音，那节奏，让他不禁想起了遥远的故乡。他的脑海中浮现出了儿时的景象：小屋里陈设着一台手动缝纫机，奶奶坐在那台缝纫机前，边踩着踏板，边哼着小曲儿，声音温柔而干净。简单的旋律，确是阿东心中永远的安宁。

上周，他在监狱的公共电话前，听着电话那头奶奶微弱而关切的声音，询问他在外是否一切顺利。奶奶的岁月已是秋日的长影，但她对他的挂念如同不变的晨曦。阿东心中的愧疚如同潮水，却只能化作无限的谎言，告诉她他在大城市中的努力与辉煌，只因不忍让那双满是皱纹的手再为他操劳。

缝纫机的齿轮继续飞速旋转，机械的嗡嗡声仿佛有了韵律，带着阿东穿越时空的隧道，回到了那个永恒的地方。那是他不曾忘记，也不想忘记的企业——它见证了他的野心，他的飞黄腾达，也见证了他的堕落和失落。

那是一家制衣企业，阿东与初出茅庐的项目经理小美一道赶赴企业开展尽职调查。企业老板浩哥满面笑容地迎接他们，带领他们进入了车间的核心区域。阿东漫步在缝纫机排列整齐的生产线之间，双手交叠于腰后，目光在忙碌的工人和嗡嗡作响的设备间游弋。他那自信且威严的姿态，好似一位正在检阅自己领地的君王。浩哥则紧随其后，神情间流露出一抹不自在，他边引导边解释道："阿东经理，最近流感高发，所以一些员工请了病假，在宿舍休养。"

阿东并未表露出太多情绪，他之前研究企业资料时就已察觉到员工离职率的异常。显然，浩哥的话不过是借口。阿东轻挥手臂，似乎要将这些不愉快尽数拂去："浩哥，只要你们企业真的有竞争力，这些小问题不在话下。"他随即转头对小美说，"我和浩哥出去抽支烟，你在这里多观察、学习，对你以后的工作有好处。"

在厂房的紧急出口处，浩哥忙不迭地为阿东点燃了烟。阿东深吸一口，缓缓吐出一圈圈烟环。他的语气平和却带着些许严肃："你们公司今年的一些财务数据，并不满足我们提供贷款担保的标准，看来还得等待。"浩哥脸色一紧，迫切地回应："阿东经理，我们现在确实急需这笔款项。您刚才也说了，可以处理小细节。请相信我们的诚意，帮我们通融通融。"

阿东并未立即回答，他再次吸了一口烟，让烟雾在口中打了个旋。这几年来，他已经在担保行业里混得风生水起。他已不再满足于收受企业家的讨好，他渴望的是那种在评审会上操控一切的快感，那种在评委们还浑然不觉时，自己已经暗中主导结果的满足。他开始沉迷于这种犯罪的"艺术"，享受着一次次越界的刺激。

阿东缓缓吐出一个烟圈，他抬起头，目光锐利地盯着浩哥，轻声说道："没问题。"

当缝纫机的针头刺入阿东的手掌，鲜血从虎口处涌出，痛楚才将他从回忆拉回到残酷的现实。阿东痛呼一声，旁边的狱警立刻冲过来帮忙，紧急将他送往医务室。那晚，阿东的右手被缠上了白色的绷带，他在昏暗的牢房中，带着疼痛和过往缠绵入梦。

（四）

担保公司安静的办公室内，小美的脚步声显得格外清晰。她急匆匆地跑到了阿东的工位前，上气不接下气地对阿东说："副部长，关于那天去的那家企业，我又仔细核对了一遍他们提供的资料和我们的尽职调查报告，发现里面有些数据好像对不上。"

阿东从电脑屏幕前抬起头，目光从小美手中的文件上扫过，接过那几页写得密密麻麻的报告。他随意翻了翻，仿佛心中有数，淡淡地说道："这事就交给我吧，你先忙你的去。"

小美看着阿东对问题的轻率处理，内心忧虑不由得加重了几分。她补充说："副部长，这个项目明天就要提交到评审会审议了，如果有误可能会影响进度。请您一定要仔细检查，不然很可能需要推迟……"

阿东抬头，看了一眼小美焦急的表情，试图用语言安抚她："别担心，小美，数据上的小波动是很常见的。等你转正后，就会明白，这些都不是问题。"

作为项目B角的小美之所以有些担心，是因为她做完这个项目后，就能通过试用期考核，成为一名正式的担保项目经理。不过，她没再多说什么，她相信经验丰富的阿东肯定能帮她渡过这一难关。

会议室内，阿东坐在前排，西装笔挺，面色沉稳。随着评审会的正式开始，空气中弥漫着一种压迫感，所有人的目光都集中在发言者身上。当轮到浩哥公司的项目时，阿东站起身，举止中透露出一股不容忽视的自信。

评委们开始了精准如刀的提问，每一个问题都试图穿透项目的表象，挖掘潜在的风险和漏洞。然而，阿东对于这些问题早有准备，他的回答流畅而精准，每一组数据他都分析得恰到好处，每一个解释他都娓娓道来，仿佛他早已在心中排练过无数遍。他不仅用专业知识回应了评委们的疑虑，更是以他对项目的深刻理解，将浩哥公司的潜力分析得头头是道。

正是这份从容与专业，打消了评委们的顾虑。最终，在一致的肯定声中，浩哥公司的项目如期通过评审会，这一切都归功于阿东在评审会上的精彩表现，和他精心编造的尽职调查报告。

（五）

就在浩哥公司的项目顺利通过评审会后不久，厄运悄然降临。仅仅数月后，这家似乎展现出无限潜力的企业，却突然宣告财务危机，濒临破产。

担保公司的风险处置小组立即介入，与浩哥进行了一系列紧急接触。在紧张的对话中，浩哥显得异常焦虑，他试图将自己和公司的违约风险剥离开，将责任全盘推给阿东。他辩称自己从未有意要申请那笔贷款，反而是阿东要将贷款业务硬塞给他们，他们只是在阿东的压力下勉为其难地接受了这笔贷款。浩哥坚称他们提供的公司财务数据是真实的，他们从未有过欺诈行为。

风险处置小组基于浩哥的指控，对阿东展开了深入调查。结果令人震惊——阿东不但编造报告数据，还存在长期收受企业财物的行为。

在一个普通的午后，警车的警笛声划破了担保公司的平静。阿东刚从茶水间拿着杯子回到自己的工位，就惊愕地发现几名表情严肃的警官正向他走来。一名警官直视着他，问道："你是阿东吗？""是的，有什么事……吗？"话音未落，冰冷的手铐已经锁上了他的手腕。

项目经理的救赎

在所有同事的注视下，阿东被警官带走。当他的目光在最后一刻与小美相遇时，他看到的是她那失望和茫然的眼神。

突然，阿东从噩梦中惊醒，浑身被冷汗浸透。四周是其他囚犯此起彼伏的鼾声，他在昏暗的光线中辗转反侧，再也无法入眠。心中充满了混乱和不安，他开始思索着自己的救赎之路：在这个充满绝望的铁窗之内，他到底应该如何寻找那一线救赎的希望。

（六）

晨光透过高墙上窄窄的窗户，为监狱图书馆的灰暗空间带来了一线生机。阿东坐在僻静的角落，显得格外孤独。他的目光先是落在了那些封尘的书籍上，但很快便转向了狱警，请求纸笔。

狱警面无表情地递给他，阿东接过来，他的手指微微颤抖，深吸一口气，试图让思绪沉静下来，然后笔尖便在纸面上舒展开来，他开始书写那封救赎之信：

小美你好，我是你曾经的师父阿东。

在我写这封信时，我的内心处于无尽的悔恨当中。这里的铁窗和冷硬的床铺，每天都在提醒我曾经犯下的错误。贪腐，这个词现在沉重得仿佛能压垮我的灵魂。对不起，由于我曾经的自私，影响到了你的转正考核。希望你以我为诫，贪腐不仅仅是法律上的犯罪，更是对自己、对家人、对担保行业和整个社会的背叛。我曾经以为自己可以控制局面，以为贪图小恩小惠不会影响我的判断，更不会被发现。然而，要想人不知，除非己莫为。贪婪是个无底洞，一旦你跨出第一步，便再也没有回头路。

担保行业是建立在信任之上的，每一次尽调、每一份文件、每一个决策都关系着客户的未来和公司的声誉。我们的职责不仅是促成项目落地，更要保持这个行业的廉洁和公正。正因为忘记了这一点，我付出了沉重的代价。

在我现在的日子里，我有太多时间去思考如何防止贪腐。以下是这些天里我对担保行业的思考，请你帮我一次忙，汇报给你的上司，希望我的拙见可以推动担保行业的进步。

1. 制定严格的道德准则与内部规定，向所有员工明确道德边界和不可逾越的行为规范，强调对任何贪腐行为的零容忍态度。定期进行职业道德和反贪腐法律法规的培训是必不可少的，这有助于提升员工的廉洁自律意识并加深对违反法律后果的认识。

2. 增强业务处理的透明度，担保公司需要建立一套透明的审核和决策流程，确保每一个项目的决策都经过多个部门的审核，这样可以有效地分散权力并提供多重监督。轮岗制度也是一种有效的预防措施，它能够避免项目经理长期与某一特定的客户打交道，减少建立不当关系的机会。

3. 内部监督和审计功能的加强对于保持廉洁至关重要。担保公司应定期检查项目经理的工作，确保所有业务活动的公正和透明。同时，强化奖惩机制，严厉惩处违反公司规定的行为，对于那些保持清廉、认真履行职责的员工，给予认可和奖励，进而激励员工遵守规范，保持职业道德。

4. 建立匿名举报机制是鼓励员工和外部人员揭露可疑的贪腐行为的有效途径，同时要注意保护举报者的安全和隐私。

5. 定期进行风险评估，识别潜在的腐败风险点，及时采取预防措施，是担保公司风险管理的重要部分。设立独立的合规部门和督察小组，负责监督公司内部的合规情况，并处理相关的贪腐问题，这是确保整个组织廉洁运作的重要举措。

6. 在担保实践中，引入并严格落实 AB 角机制是为了提高业务处理的透明性和制衡风险。但这种制衡机制有时也可能会失效。它需要结合公司内部的其他监督、审计措施，如定期轮岗、匿名举报系统、内部审计等，才能更加有效地防范贪腐风险。

二、担保公司信息安全风波

西汉末年,大臣孔光侍于帝侧,秘掌禁中之务,与君之言,未尝外泄。家宴之时,眷属闲谈,或问之曰:"长乐宫之温室殿前,何树植焉?"孔光颔首躬身,左顾而语他事,绝不启齿以答。其家之人所问,虽非机密,孔光亦慎之又慎,对于外人及机要之事,必守口如瓶也。处担保行业,待客信与企秘,宜如孔光,守密事业,至为关键。

(一)

夜色渐浓,华灯初上,繁忙的都市在此刻才稍微歇了口气。担保公司办公室内,大多数人已经收拾行囊,准备回家。在这样的日落时分,大楼内的喧哗声逐渐变成了夜晚的静谧。

小庆的手指在键盘上轻快地跳跃着,他的眼神坚定而专注,对这份新工作依旧满腔热情。在短短三个月内,他已成为 IT 部门不可或缺的一分子,以乐于助人的品质赢得了同事们的赞赏和认同。

就在小庆准备关机,结束这一天的工作时,担保部部长璋哥急促的脚步声打破了宁静。璋哥四处张望,似乎他在确认除了小庆,还有没有其他人留下。他快步走到小庆的工位前,低声说道:"小庆,你先别走,有件事情需要你帮忙。"小庆略显意外地抬起头,感受到璋哥言语中难掩的焦急。

两人移步至洽谈室,璋哥闭紧了门,深吸了一口气,沉声说道:"这件事情目前只能我们两人知道,必须保密。"小庆心中一紧,意识到这并非简单的日常工作问题。

璋哥犹豫了一会儿,似乎在寻找合适的措辞:"半年来,我们公司遇到了一些麻烦。不少客户反映他们被一些不明身份的小贷公司或担保公司骚扰,情况非常严重。这些骚扰电话不仅打扰到了企业的财务总监,甚至连企业老板及其家属也未能幸免。最离奇的是,这些骚扰电话透露出的信息竟然异常精准,涉及企业的融资计划。"小庆听着,心中升起一股不祥的预感,他知道这种情况对于一家以信誉为本的担保公司意味着什么。

璋哥接着说："已经有企业对我们表达了不满，他们怀疑是我们内部泄露了企业信息。这种情况如果持续下去，我们不仅会失去客户，甚至还可能面临更大的法律风险。"

小庆的眼神变得坚定起来，作为 IT 部门的一分子，保护公司的信息安全是他的职责之一。"所以，我来找你，希望你能帮忙调查此事，找出信息泄露的原因。"璋哥的目光里充满了期待，同时也透露出一丝无奈，"我们需要低调行事，不能打草惊蛇。"

洽谈室的柔和灯光无法驱散空气中弥漫的紧张气氛。璋哥皱着眉头，忧心忡忡地走来走去，他知道问题的严重性，但又觉得无从下手。小庆静静地坐在座位上，虽然他在公司的时间还不长，但这并不妨碍他的判断与分析能力。

"小庆，你觉得我们该怎么办？"璋哥最终停下脚步，将目光投向他。小庆深思了片刻，缓缓开口："部长，虽然我们无法立刻确定是谁泄露了信息，但我们可以通过排除法来逐步缩小范围。我们可以检查有权访问机密信息的员工操作记录，分析他们的行为。"

璋哥点了点头，示意小庆开始行动。小庆迅速从工位上取来笔记本电脑，登录了公司的后台系统。他的双手在键盘上飞快舞动，按键声在洽谈室内回响。小庆的眼睛紧紧盯着屏幕，不放过任何一个细节。璋哥站在他的身后，同样紧张地注视着屏幕。不一会儿，小庆便在后台找到了尽职调查报告的访问记录。他们开始仔细审视每一条记录，试图从中找出异常。

突然，一条记录引起了璋哥的注意。"小庆，停一下，看这里。"璋哥指着屏幕上的一串记录。屏幕上显示，业务部的小薇在每天晚上八点到九点频繁登录系统，并批量下载了大量尽职调查报告。这个时间段大多数员工已经下班，公司内人流稀少，不易引起注意。

璋哥感到一阵失落与痛心，小薇在他心中一直是个勤勉负责的员工，他难以相信这样的行为。"小薇？为什么？"璋哥喃喃自语，似乎在向自己求证这是否只是一个误会。小庆注意到了璋哥的表情，小声地说："璋部长，我们现在还不能下结论。或许小薇有她的理由，我们最好进行更深入的调查。"

两人的目光在洽谈室里坚定地交汇，他们知道，接下来面临的将是一场智慧与耐心的较量。

（二）

阳光透过窗户洒在璋哥办公室的地毯上，形成斑驳的光影。小薇按照部长的要求，早早地来到了办公室。她看到小庆坐在部长的办公桌旁边，不禁有些疑惑。璋哥眉头微微皱起，目光直盯着小薇："小薇，你每天都很晚才离开办公室，是不是工作量太大了？"璋哥试探性地问道，打算从侧面了解情况。小薇显得有些紧张，但很快就调整了情绪，诚恳地回答："部长，我最近一直在准备注册会计师的考试，所以每天利用下班后的时间在公司自习。""噢，是这样啊。"璋哥的表情放松了一些，小薇平时勤奋好学的形象的确符合她的解释。

然而，璋哥并未就此松懈，他直接切入主题："考试和你大晚上下载那么多尽调报告有关吗？"小薇一瞬间愣住了，随后忙不迭地解释："部长，不好意思，我不知道这样做有问题。我只是想把第二天评审会议要讨论的项目资料提前下载好，晚上在家里看一遍，为第二天的上会做准备，我有时也会去旁听学习。"

璋哥听到这里，脸色有些微妙的变化，他向小庆投去一个困惑的眼神。小庆在旁边一直保持着沉默，他既注意到小薇的不安，也察觉到了璋哥的尴尬。

小薇解释完毕后，看着璋哥和小庆，等待他们的回应。璋哥摆了摆手，示意小薇先回去工作，他需要时间来处理这件事。

小薇离开后，办公室的气氛变得有些沉重。璋哥叹了口气，对小庆说："看来我们还是得另想办法，小薇的解释听起来合情合理，我们不能因为怀疑就伤及无辜。小庆，你回去也想想办法。"面临这一令人头疼的难题，小庆感受到了空前的压力。作为公司新人，却要解决一个连经验丰富的部长都感到棘手的问题。

随后几天，他冥思苦想寻求切实可行的办法，但解决方案似乎仍旧遥不可及，朦胧且难以捉摸。正当小庆心灰意冷之际，一则新闻悄然吸引了他的注意力。报道中，一家科技巨头企业长期为新产品泄密所困，其即将发布的新产品细节不断在网络上曝光。最近，他们精心设计了一场"钓鱼行动"，通过向不同员工泄露不同的产品发布时间，巧妙地设下陷阱。当内部泄密者将这些虚假信息泄露到了互联网上时，公司通过这些差异化的信息迅速揪出了泄密者，并将这位不忠诚的员工逐出公司。这一策略的成功对小庆而言，犹如黑暗中的一束曙光，给他带来了启发。

（三）

小庆的步伐坚定而迅速，手中拎着一个外表普通却异常沉重的包裹。他推开璋哥办公室的门，璋哥一脸好奇地望着他。

"这是什么？"璋哥问，目光落在那个摆在桌上尚未打开的神秘包裹上。小庆没有立即回答，而是轻轻地将包裹打开，露出里面密密麻麻排列着的手机，有三四十部之多。他取出手机，将它们整齐地排列在璋哥的办公桌上，然后望着璋哥，嘴角露出一丝微笑。

璋哥看着这一排排的手机，有些摸不着头脑："这是要给员工的手机装窃听软件吗？"小庆笑了笑，摇摇头："不，部长。我们要抓的人会自投罗网，不需要我们去窃听。"

见到璋哥仍一脸疑问，小庆解释说："这些手机是我哥哥的，他做二手手机和代销手机卡的生意。我从他那里借来这些手机，用作我们的破案工具。凑齐这么多电话卡可真不容易，我和我哥在每家运营商都各办了几张。"

小庆继续阐述他的计划："我们可以在公司业务数据库中创建一个编造的项目，也就是'木马'项目。项目的尽调报告中会有假的联系电话，而电话号码正是这些手机的号码。"他指了指桌上的手机，"我们把员工分为若干小组，每组人员在系统上所看到的联系电话都不同，对应这些手机号中的某一个。一旦有人试图联系这些号码，手机铃响就能迅速帮我们缩小范围。我们再通过后台监控哪些人访问过对应的项目文件，就能大概率锁定内鬼。"

璋哥听完小庆的计划，脸上露出了肯定的笑容，点了点头："这是个非常巧妙的办法，小庆。你确实有一套。我负责这些手机，确保它们随时待命。"

小庆补充道:"部长,您在这一段时间得多费点心,得保证这些手机都能正常工作,记得要给手机充电。"

接下来的几天,小庆马不停蹄地将"木马"项目数据编制完成,他还特意为每部手机做了标记,以便能够迅速识别响铃的是哪一个号码。在公司内部悄然布起一张大网。

(四)

璋哥的脸上挂着疲惫,自从上次与小薇对话后,他就如处于无形的风暴中心,内心被怀疑所占据。但他没有停止,他知道只有揪出内鬼,才能还公司一个清白,也让自己安心。一个星期以来,黑色的提包变成了璋哥的影子,无论他走到哪里,提包总是紧紧跟随。同事们对他奇怪的行头交头接耳,却不知提包内装的是公司未来安危的关键。

在一个看似平常的下午,刺耳的铃声突然打断了办公室的宁静。璋哥迅速打开提包的拉链,找到那部发出响声的手机。他接起电话,听到了令人厌恶的贷款推销语音。这个骚扰电话,正是他们苦心策划"钓鱼行动"的成果。

璋哥立即找到小庆,小庆很快就锁定了那个手机号码对应的三名员工,一名项目经理、一名财务出纳以及IT部门负责人。然而,后台系统却显示,这三人近期内都没有访问过"木马"项目数据,这一发现让人困惑。璋哥苦苦思索,他的直觉在告诉自己,答案就在他的眼前。终于,一丝亮光在他的脑海中闪现——IT部门负责人,拥有着高级管理员权限,能够擦除访问记录。这个念头一经浮现,便如同穿透迷雾的闪电,将真相照耀得清晰可见。

很快,他们便验证了这个猜测。曾经当过项目经理的IT部门负责人,在后台数据库中竟没有留下过任何痕迹。这样一份异常干净的历史记录,无疑是在掩盖什么。"内鬼"的真面目最终暴露,璋哥的心中既有一丝解脱,又有一丝悲哀。对于被曝光的IT部门负责人,公司决定立即采取行动,按照公司规定和法律程序进行处理。

担保公司信息安全风波

（五）

在这起事件的余波中，担保公司迅速召集了一次面向管理层的紧急闭门会议。会议室内，沉重的空气中夹杂着深刻的反省，各部门的领导和高层管理者汇聚于长桌两旁。作为风波的关键人物，小庆也被邀请参加。总经理神情凝重，他深知此次事件的后果远不止短期影响，更牵动着公司的命脉和声誉。

会议开始，总经理强调了信息安全的重要性，指出客户信息泄露对公司声誉和业务所带来的剧烈冲击。他坚定地表示："信息安全是我们企业生存的基石，也是整个金融服务行业信誉的基础。我们有责任，也必须全力以赴保护我们客户的数据，防范可能出现的安全威胁。"

随后，小庆在会议中深入剖析了公司内部控制制度存在的漏洞，他直言不讳地指出了本次事件展现出的内控不足缺陷，特别是对于掌握高级权限的员工应该实施更为严格的监管措施。他提出了一系列增强数据安全的建议，例如公司采用数据加密技术来保护存储和传输的客户数据，确保未授权用户无法读取或窃取这些敏感信息。通过对数据进行加密，即便数据在传输过程中被截获，未授权者也无法解读其内容，从而大幅度提升数据的安全性。小庆建议公司实施更严格的访问控制措施，限制对客户信息的访问权限。只有经过严格授权的员工，根据其工作职责范围的实际需要，才能获取相应的客户信息。小庆还主张引入多重身份验证机制，如两步验证或生物识别技术，来增强系统安全性，防止身份伪造和非法访问。最后，小庆对公司的网络安全也提出了改进建议。他强调公司应该积极使用防火墙、入侵检测系统和反病毒软件来保护公司的网络免受恶意软件的入侵和黑客攻击的威胁。

会上，人力资源部长提出了员工忠诚和道德风险的问题，她指出，出现不忠诚的员工，是部门在员工道德教育和忠诚度培养上的失职。今后将实施一系列措施，包括道德教育、忠诚度培训，以及增设信息安全方面的教育，以降低泄露敏感信息的风险。

总经理在会议最后总结道："这场危机带给我们的，是一个无法回避的深刻教训。我们必须提高警惕，加强内部管理和信息保护，确保员工的职业道德得到重视。我们需要营造一个自我增强、持续进步的企业文化。"

会议结束后，每位参会者都带着沉重的责任感离开了会场。他们认识到，为了担保公司的口碑，必须坚决且迅速地采取改革措施。小庆的举措和见解对担保公司的信息安全建设至关重要。他的行动不仅解决了眼前的困境，也为担保公司的未来铺展开了一条更为稳健的道路。

老练通达

第五章

第一节　独当一面

一、挖掘闪光点，慧眼识英雄

初唐名将李靖，曾列李世民凌烟阁二十四功臣之一，但其在微末之时也难寻伯乐。唐代传奇小说《虬髯客传》载："卫公李靖以布衣上谒，献奇策，素亦距见。"唯有红拂女看出李靖"长揖雄谈态自殊，美人巨眼识穷途"，识李靖于布衣之时，留下红拂夜奔的佳话。回看担保行业，有融资需求之企业，其资质往往参差不齐，明珠混于其中，故如何识优质企业于微末呢？

（一）

在担保公司，小帅的名字就如同古代战场上的猛将，无人不知，无人不晓。他眼光犀利，能在一片狼藉中发现那一抹闪亮的金子；他决策果断，仿佛繁忙十字路口的老司机，从不犹豫。

一个阳光明媚的午后，小帅接到了一个陌生电话。电话的另一端传来了有着浓重荆楚口音的声音："帅总您好，我是电池电极公司的金泽，我们公司想要扩充产量，但是缺少抵押物，所以想申请纯信用贷款担保……""电池电极公司？"小帅的眉毛微微上挑，他对这个名字有些许印象，似乎在某次行业会议上听闻过，但具体是何方神圣，却是记不清了。他轻轻地旋转着手中的笔，冷静地回应："金总，您知道，现在市面上的企业多如过江之鲫，您得向我展示下你们企业的闪光点。"

电话那头的金泽略带含蓄但又带着几分自豪："帅总，我们公司是价值型的科创企业，专注于动力电池材料的研发，尤其是在汽车锂电池的正极材料上，有独到的技术……"小帅停下了手中转动的笔，他对这个领域有些了解，知道这是一个前景广阔但竞争巨大的细分市场。稍作思索后，小帅淡定地回应："金总，这样吧，我近期去你们企业看看，咱们面谈。"

（二）

小帅多年来在担保行业征战的习惯是从不打无准备之战，"欲先知企，必先充己"也早已成为他的战备口号。挂断电话后，他首先打开了几个知名的财经新闻网站，搜索了最新的行业新闻，以及相关政策动态，"不错，国家政策最近也在支持国产动力电池的发展，这一点是个利好。"小帅一边自言自语，一边在笔记本上做着记录。

接着，他浏览了几个能够提供汽车电池正极材料行业研究报告和深度市场分析报告的网站，筛选着脑海中的关键词：市场容量、增长率、竞争格局。

在了解该细分行业的市场价值后，小帅决定对企业进行摸底，网上关于这家企业的信息并不多，仅有寥寥数笔关于企业基本情况的介绍。这种情况对小帅来讲已是司空见惯，因此他并未在企业资讯上耗费过多时间，而是把疑问留到现场尽职调查时去验证。合上写得密密麻麻的笔记本，小帅对这个行业的基本情况已做到了心中有数。

（三）

尽调之日如期而至，小帅站在电池电极公司的大门前，这是一家坐落于市郊一片工业区内，看上去并不起眼的企业，门前招牌上那几个朴素单调的微软雅黑大字经过风吹日晒后已略微褪色。他走进公司，恰逢一群年轻的研发人员匆匆而过，他们身着整洁大褂，眼中闪烁着对科研的热情与执着。小帅暗自点头：这样的团队精神状态是非常值得肯定的。

"感谢帅总的莅临！"身着格子衫牛仔裤，架着一副纯钛眼镜的金泽激动地迎了上来。两人礼貌性地握手后，小帅直截了当地问道："金总，时间宝贵，您有什么能拿下我的东西吗？"

金泽嘿嘿一笑，脸上带有几分骄傲："帅总，请跟我来。"穿过长长的走廊，他们来到了产品展示区。在这里，小帅看到了那个被金泽引以为傲的

"价值"产品——磷酸锰铁锂的新型动力电池原材料。"相较于市面上主流的磷酸铁锂、三元锂材料，我们的材料具有高安全、低成本、长寿命、高能量密度等优势。"金泽继续介绍道，"这是我们的新一代产品，目前已获得国家专利。"

"金总，这些专利奖牌挺多的嘛，看来您是个科技达人啊。"小帅随口一提，声音中带着点开玩笑的意味。金泽笑了笑，摆了摆手："哪里，这些奖牌都是团队努力的结果，公司只不过是把大家的智慧变成了实实在在的产品。"小帅的目光在金泽身上细细扫过，从他简朴的衣着和谦逊的态度中，已经读出：金泽是那种典型的技术型老板，在实验室里如鱼得水，在商海大潮中却显得有些力不从心。"金总，技术好是一回事，但还得让市场知道您的技术和产品，不是吗？"小帅轻松地说，试图引出金泽对市场的看法。金泽叹了口气，点头道："这个道理我懂，但是具体要怎么做，就有点头疼了。"

小帅笑着拍了拍金泽的肩膀："别担心，咱们一起想办法。"随后，小帅开始有条不紊地了解公司的基本情况。他注意到了先进的生产线、敬业的员工以及创新的产品，小帅暗自给企业点赞。但当他翻阅销售报告时，一串儿数字却透露出一些不同寻常的信息。"销量这块儿，是怎么回事儿？"小帅犀利地问道，眼神里也闪烁着锋利。金泽有些尴尬地挠了挠头："嗯……这个……我们擅长的是研发，营销上可能需要加强一些。""明白了。"小帅点了点头，他知道自己发现了一块璞玉。但到底是不是"好玉"呢？还需要用"强光手电"照一照。

"金总，我能看看你们的财务报表吗？别的不说，要申请贷款担保，从尽调流程的角度来讲，我得先看清楚你们的账。"金泽点了点头，他从抽屉里拿出一叠报表递给小帅："这里面都是，但我得先给你打个预防针，我们的数据可能不太好看。"小帅接过报表，嘴角挂着微笑："金总，我这人不怕丑数据，只怕假数据。有问题咱们好好研究，争取帮您把资金落实到位。"

（四）

小帅接过财务报表，他见过许多财务数据漂亮的企业外账，但这种能够把内账爽快地交给项目经理的企业老板却是罕见。他的目光迅速在数字间穿梭，首先是资产负债表，这也是企业财务状况的"体检报告"，小帅在检查过程中注意到库存与企业的营收规模相比显得略高，便问道："金总，我看你们的存货很多，这是为什么？"金泽抿了抿嘴："是这样的，我们预计会有更多的市场订单，所以多备了一些产品。"小帅站起身，打算亲自去库房看个究竟。

然而，当他来到仓库后，眼前的景象却让他皱了皱眉——货架上堆满了磷酸锰铁锂的原材料，部分尘封的包装上写着一年前的日期。回到办公室，小帅翻阅了利润表，尽管材料成本控制得不错，但销售收入并不尽如人意，这与他在仓库看到的情况相吻合。小帅的眉头紧锁，他意识到尽管金泽的公司在技术上领先，但在市场开拓上确实存在不足。随后，他检查了企业的现金流量表，尽管上面有几笔大额资金出账，但这些资金去向主要用于研发和采购原材料，并没有多少用于市场营销，而这也进一步证实了金泽之前的话。小帅抬起头，认真地看着金泽："金总，公司与下游客户的沟通频率怎样？通常如何宣传产品？"

金泽显得有些无奈："我……我通常会介绍我们产品的参数和性能，但客户似乎不太感兴趣。"小帅点了点头，他意识到金泽公司在营销上的不足不仅仅是因为方法存在问题，也与公司缺乏有魅力和说服力的推销者有着很大关系。而他从过往丰富的项目经验中也知道，技术型人才在传达产品价值时，往往会忽略客户人际关系方面的维护。

"金总，您的产品是优秀的，但营销不只是技术的展示，更需要情感的投入。您的团队背景和技术实力很强，但这些优势需要以更贴近客户需求的方式表达出来。"小帅建议道。

金泽皱眉思考，考虑到自己企业对资金的需求非常迫切，但又缺乏以财务数据为支撑的说服力。金泽望向小帅，眼神中透露出一丝期待："帅总，您觉得我们该怎么办？"小帅站起身，走到窗边，眺望着工业区："你们的产品和技术没问题，行业前景也不错。但是，要做纯信用的贷款担保，我得考虑贵公司的还款能力。现在来看，这确实有点难度，我们得换个思路。"

（五）

多年的项目经历让小帅对财务报表的局限性有着深刻的认识。在他看来，财务报表上的数据虽然是企业财务状况和运营效率的快照，但企业的价值和潜力却往往隐藏在创始人的理念和团队能力中。因此，他向金泽要了几份核心人员的简历，决定深入了解金泽公司的团队背景。

"金总，不对，该叫您金博士，咱们不拐弯抹角了。"小帅一边看着金泽的简历，一边笑着开场，"看了您的简历后，实话说，我都有点儿小激动呢。您的履历比我见过的绝大部分都要精彩。"金泽听了，脸上露出了会心的微笑："帅总，您这么一夸，我都不好意思了。我和公司这些年都是一步一个脚印走过来的。""每一步都含金量十足啊。"小帅看着金泽的简历，继续道，"先是分别在省、市级头部化工类国企担任总工程师，后来又到化工央企担任某部门工程师，您这个技术专家的头衔是坐实了。嚯，期间又跟某科大材料研究院合作，妥妥的都是国家级项目啊！""跟某科大的合作确实是不小的挑战。"金泽谦虚地摸了摸鼻子，"那个项目让我有机会和行业著名的教授共事，真是受益匪浅。我们的合作也催生了一些创新的理念。"

"我看到了，您的博士论文《一种新型高性能磷酸锰铁锂正极材料》可是行业里的热点话题，那后来为什么又决定自己创业呢？""在与那位教授合作期间，我发现我们的研发技术虽然领先，但在应用市场上却步履维艰。我想把这些研发成果转化并投入实际应用中，因此我创立了电池电极公司，那位教授充当公司的技术顾问。"金泽的声音中透露出坚定和热情。小帅点了点头，他看到了金泽的决心，同时也了解到了这位博士的技术实力。

"听说基于这项研究，您和团队还拿下了市科技进步一等奖。"金泽笑了笑："都是团队努力的结果，我只是其中的一分子。""说到团队，我看了其他人的简历，都是一群技术精英啊。"

小帅翻看着团队其他成员的简历："比如这位张工，不也是个技术大拿吗？""张工啊，他是我们的'研发发动机'。"金泽笑着介绍，"他在某国际科技公司的研发经验为我们提供了很多新想法，让我们的产品创新能力大大增强。""嘿，李工是我校友啊！"小帅继续说，"看他的经历，从民营企业到某

'遥遥领先'企业，再到这儿，绝对经验丰富。""李工的确是设计和品控的行家里手。"金泽点头，"他的管理能力和对质量的把控能力，让我们的生产效率和产品质量都有了质的飞跃。""还有这位，王工，也是个'狠'角色。""王工在电池材料工艺领域深耕多年，他对细节的追求几乎达到了完美主义程度。"金泽补充道。

经过这番对话，小帅了解了团队成员的专业背景，感受到了他们对工作的热情和对未来的共同愿景。他认为金泽公司的团队实力能够作为说服项目评委的最佳要素。但如何印证"价值型企业"这一点呢？

（六）

与金泽的会谈结束后，小帅心中的解决方案已然成型。他知道，要想全面证实这家公司的价值，他需要吃透产品的技术亮点、技术水平、市场需求、市场成熟度、市场竞争力、可替代性、行业市场规模和市场增长等方面。因此，他决定深入金泽公司的供应链上下游企业进行调研，以确保获取真实的信息。

第二天的上午，小帅就以新能源汽车厂商的身份，首先走访了金泽公司的客户A电池公司，该企业正在进行磷酸锰铁锂的吨级测试。小帅询问了测试进度和结果。A电池公司的工程师们对该材料给出了积极反馈，并特别强调了材料的高压实密度、长循环寿命以及出色的低温性能。这些特性使磷酸锰铁锂在能量密度上比传统的磷酸铁锂电池提高了约15%，这对追求续航里程的电动车制造商来说至关重要。这一点，与金泽所描述的完全吻合。小帅在本子上记下了这些技术参数和工程师的反馈。

到了下午，小帅又以同样的身份拜访了金泽公司的客户B电池公司，B电池公司正在进行百公斤级的磷酸锰铁锂产品测试。在访谈中，小帅发现这些企业都对金泽公司的磷酸锰铁锂材料表示认可，尤其是该材料在提升能量密度和降低成本方面的优势。B电池公司的技术专家还分享了他们的测试结论，数据显示金泽公司的磷酸锰铁锂电池在高倍率充放电情况下表现出色，这对快速充电的应用场景至关重要。在后续的交流中，小帅注意到这些电池制造商都在寻求可靠的磷酸锰铁锂供应，以确保在未来竞争激烈的市场中保持领先。这进一步验证了市场对金泽公司磷酸锰铁锂材料的需求。

经过深入调研，小帅对市场现状有了更清晰的认识。但要全面评估金泽公司的价值和潜力，必须对比行业标杆，尤其是行业巨头 C 汽车电池材料公司。作为金泽公司的主要竞争对手，C 汽车电池材料公司以其庞大的规模和市场渗透率而闻名。小帅找人帮忙安排了一次拜访，他想亲自看看 C 公司的市场策略。在拜访过程中，他注意到 C 汽车电池材料公司在客户维护和品牌营销方面非常专业。他们的市场团队人数多，而且市场策略灵活，能够迅速响应市场变化，这在很大程度上扩大了其产品的市场占有率。

然而，当小帅深入了解并仔细对比两家公司的产品性能时，他发现金泽公司的磷酸锰铁锂材料在多个关键指标上是优于 C 汽车电池材料公司的。无论是磷酸锰铁锂电池的高压实密度、循环寿命，还是低温性能，金泽公司的产品都展现出了更好的性能。特别是它的"一步法"生产工艺，不仅提高了产品的可靠性，还在成本控制上表现出色。小帅意识到，尽管 C 公司在市场推广方面做得很好，但金泽公司在产品技术上更具优势。这让他更加坚信，

挖掘闪光点，慧眼识英雄

如果金泽能找到一个专业可靠的市场端负责人来加强市场开拓，那么他公司的发展将日新月异。

（七）

　　完成了对磷酸锰铁锂材料的市场调研后，小帅又一次来到了金泽的办公室，准备将自己的想法和建议详细地传达给金泽。"老金啊，我这几天的调研成果让我对这笔业务的合作充满信心。"金泽调整了一下眼镜，急切地问道："帅总，快跟我讲讲，您发现了什么？"小帅点了点头，沉稳地回答："首先，你们的技术先进，客户的反馈也很正面。但你们有一个大问题——市场推广。"金泽皱了皱眉："市场推广？"小帅解释道："是的，技术再好，如果没有人知道，就如同深夜里绽放的花朵，再美也没人欣赏。你们需要一个懂得如何将技术优势转化为市场语言的专家，一个能够打开市场大门的前端负责人。"金泽思索了一会儿，点头说道："这个我赞成。我们确实缺这么一个市场负责人。"

　　小帅接着说："贷款担保申请的事，我得跟你说实话，以公司目前的综合情况，需要提供反担保措施，我知道你这边能够提供的抵押物不多，不过你放心，知识产权质押也是适合公司目前的状况的，它不仅能帮你提高担保额度，还有利于贷款担保申请顺利通过专家评审会。"金泽眉头紧锁："知识产权质押？我只听说过，但具体并不是很了解。"小帅开始耐心地解释："知识产权质押是一种新的融资模式，你可以将公司的专利、商标或版权等无形资产作为抵押，从金融机构获得贷款。流程上，首先金融机构会对你公司的知识产权价值进行评估，随后金融机构就会和你公司签订质押合同，明确贷款条件和质押权的归属。一旦合同生效，金融机构就会根据质押的知识产权价值给你公司提供资金。"金泽仍有些困惑："能不能说得通俗点？"

　　小帅笑了笑，用一个比喻来解释："金泽你可以想象一下，你公司的知识产权就像是一张有价值的门票，这张门票因其具备未来价值而有人愿意持有它。"小帅停顿了一下，确保金泽跟上他的思路，"现在，你可以先把这张'门票'拿给金融机构看，金融机构看到门票的潜在价值后，就愿意给你提前'预支'一笔资金，而这笔资金就是基于你的知识产权获得的贷款。"金泽点了点头，有些明白了。小帅接着强调："但金融机构不是无条件给你这笔资金的。你需要先与他们签订一个协议，把这张'门票'作为抵押物。如果你用这笔钱成功扩大了市场，销售起来了，就能还清贷款，并且还能赚得更多。但如果你到期后没能及时偿还，那么金融机构就可以获得这张'门票'的所有权，去找别人来兑现它的价值。"

金泽听后，十分认可地点点头："原来如此，这样我们就可以利用现有的技术专利为公司融到更多资金了。""没错，而且如果知识产权价值较高，担保额度可以从 300 万元提升至 500 万元。"金泽眼睛立马亮了起来："太好了，我们尝试这个方案！"

几天后，正当小帅在办公室撰写评审报告时，金泽打来电话，声音难掩兴奋："帅总，我有个好消息。我们招聘到了理想的市场部负责人，他曾经在几个大公司都做过市场开拓，经验非常丰富。"小帅敲起键盘，在评审报告上记录下了这个重要信息，回应道："这可真是个好消息，祝贺你。"

在接下来的评审会上，小帅的评审报告和担保方案得到了评委们的一致好评。他们对小帅的周到考虑和细致分析表示赞赏。其中一位对小帅说道："小帅啊，你在对企业做尽调时还是那么面面俱到。"

（八）

评审会结束后，一位旁听评审会的新员工好奇地问道："小帅，面对这类企业，我们需要掌握哪些尽调技巧呢？"小帅手里端着一杯刚泡好的茶，目光温和地看着面前的担保新人："你要知道，中小企业就像是一片待开发的淘金场，我们担保项目经理自己得有能力去'筛沙淘金'，让金子显露出其原有的光泽。"小帅开始了他的教诲，"但需要注意的是，这类企业自身仍很弱小，抵御风险的能力不足，这点在做尽职调查时，咱们必须要特别留意。"小帅顿了顿，让新人先消化这些信息，继续说道："这些企业，比如这家电池电极公司，他们的资本实力、销售水平都不高，产品种类不多，市场份额有限，这些都是它们的弱点。"小帅又喝了口茶，以更加轻松的语气说，"但是你也得看到它们的亮点。这些企业往往活跃在市场的小众领域或者新兴领域，有潜力大展拳脚。它们的技术或产品有独特之处，不容易被竞争者注意到甚至模仿，这就是它们的'看家本领'。"

小帅在纸上用笔轻轻写下了"核心竞争力"，接着对新人说："所以，在我们尽调企业时，不能只看它们的账本和资产，而要看到它们的核心价值，包括技术创新、市场潜力、管理团队等。"

说罢，小帅又写下"反担保"三个字，解释道："对于有潜力的企业，我们要有创新思路，不仅仅是看企业的机器和厂房，还要看股权、专利这些无形资产。我们可以用更有想象力的方式来帮助它们成长。"小帅放下笔，双手抱臂，温和地看着担保新人，"记住了，每一家企业都是独一无二的。我们的任务就是挖掘它们的价值，帮助它们成长。"新人认真地点点头，小帅的话像种子一样在他心里生根发芽。

二、风险意识要从"娃娃"抓起

《道德经》第四十六章有言:"咎莫大于欲得,祸莫大于不知足。故知足之足,常足矣。"意思是没有比不知足更大的灾祸,没有比贪心更大的过错。担保行业作为一个高业务风险、高道德风险的行业,信用与风险理应常伴。但有时往往有诸多诱惑在眼前,如金钱、业绩、效率、名望,若是弄虚作假,不敢直面风险又会发生什么呢?

(一)

在繁华的市中心,耸立着一座摩天大楼,这里的 57 层是担保公司新设的分公司。璋哥站在落地窗前,眺望着蜿蜒的车流和步履匆匆的人群。他刚刚被公司领导从担保部部长任命为这家新设分公司的总经理,这不仅仅是对他多年工作的肯定,更是一份沉甸甸的责任。

璋哥作为一个在担保行业摸爬滚打十余年的老兵,以敏锐的市场洞察力和卓越的业务能力著称。他的业绩优异,足以让其他同事们望尘莫及。但他知道,做业务与做管理者完全不同,新职位意味着新挑战,特别是身处一个年轻化的团队中。

这个新公司的团队构成颇为特别,多数是"95 后"和"00 后",他们带着对担保行业的向往和对未来的无限憧憬加入了这个大家庭。团队每个成员都个性鲜明,思维活跃,很多新人对担保行业的理解停留在浅显的层面,甚至有些模糊。璋哥回想起刚入职时的自己,那时的自己无知无畏,闹出了不少笑话。为了让这群刚入职的新人们少走弯路,他决定用一个特别的方法来进一步了解团队里每个成员的特点。于是,他在分公司成立后的第一个周末,组织了一场团建活动——密室逃脱。

在那光线微弱的密室中,大家通力协作,顺利来到了最后的关长,这是个由一束束激光交错成网的"激光迷宫"。璋哥静静地倚靠在走廊的墙壁上,观察着团队成员们的表现。阿强首先自信地迈出步子,却差点触碰到激光:

"哎呀，太惊险了。"他兴奋地大声叫道。阿慎紧张地按住阿强的肩膀："别急，咱得观察一下规律。"他的目光在激光之间停留，试图找出安全路径。阿秀抬起手腕，盯着手表小声地说："我来记录激光的间隔时间，这样我们可以判断出安全通过的时机。"阿美则环视四周，温柔地对大家说："大家别紧张，我们一起合作，肯定没问题。"

阿强着急了："我觉得我能过去，我先试试看。"阿慎还是有些担忧："但如果你碰到了激光，我们就会前功尽弃。"阿强不耐烦地打断阿慎："你总是这么瞻前顾后的，有时候就得冒一下险，不然怎么进步。"阿慎的脸色变得严肃："咱们冒险行，但得睁大眼睛，别一时冲动就闯祸，最后付出不值得的代价。"两人的声音越来越高，气氛突然紧张起来。璋哥正要开口，阿美快步走到两人中间，声音平和而有力地调解："行了，阿强、阿慎，你俩说得都对。阿强，你那股闯劲儿咱们可得用上，但阿慎的谨慎也挺重要的。咱得把你俩的长处搭配起来，找个又快又稳的招儿。"阿美转向阿秀，"秀儿，你记录的规律怎么样了？"阿秀点头："有了一些规律，我们可以试着……"阿美微笑着打断她："等等，让阿强和阿慎来试试。阿强，你利用你的速度和反应，阿慎，你来指导他，确保他不会触碰到激光。"阿强和阿慎对视一眼，两人的表情都缓和了下来。阿慎点头："好，阿强，按照阿秀指出的规律，我来告诉你何时移动。""等等！现在，现在！"阿秀的声音突然变得坚定，指着刚好形成的空隙。

在阿秀的指挥下，阿强和阿慎互相配合，阿强像一名舞者，灵巧地穿梭在激光间，成功到达了对面。璋哥看着阿强的背影，心中暗想：这正是担保从业者需要的执行力与胆识，但也必须要有阿慎的审慎、阿秀的细致以及阿美的高情商作为后盾。

活动结束后，璋哥站在团队中间，目光在每个人身上缓缓移动，心中已经有了打算。"阿强，"璋哥首先开口，语气坚定又充满鼓励，"你那股牛劲儿，非常适合业务开拓。我希望你未来能把主要精力放在与银行客户经理的关系维护上，用你的热情为咱们公司带来更多的业务合作机会。""阿慎"，璋哥转向另一位团队成员，"你的沉稳是一大优点。我希望你能做好项目风险把控，确保每一笔贷款的顺利回收。""阿秀，你的心思细腻，公司的各项综合事务就由你先试着做一下。""阿美"，璋哥的目光转向了她，"你的情商很高。我希望你未来能在综合部负责同政府单位进行对接、及时把握政策方向、获取贴息信息，这对咱们来说也十分重要。"

在每个人都明白了自己在试用期的职责后，璋哥继续说："你们每个人都有独特的闪光点，咱们得自己站起来，不能啥都指望总公司'搭把手'。我可是憋着劲儿想看看一年后我们分公司在集团排行榜上的业务排名呢。你们觉得咱们行吗?"阿强立刻撸起了袖子："璋哥，你放心，我们一定努力做好。"

（二）

周一上午，璋哥把团队成员叫到会议室，眼神中透露着严肃："大伙听我说，咱们的工作氛围可以是活泼的，但工作态度一定要是认真的。"他顿了顿，让这句话在每个人心里沉淀，"咱们的宗旨是解决中小企业融资难、融资贵的问题，帮助中小企业实现高质量发展。这不是空话，而是贯彻我们职业生涯的宗旨。同样，你们也要知道，咱们给企业做贷款担保，风险常伴，粗心大意就容易导致项目出险。所以，咱们要把项目的风险管理摆在第一位。咱们的目标是成为公司的标杆，让同行尊重，让企业满意，让领导肯定，让咱们的工作也有滋有味。"

璋哥停顿了一下，语气更加坚定："为了这个目标，咱们需要建立具有自身特色的公司文化。这意味着每个人，不仅仅是项目经理，都要把控制风险牢记心中。记住，风控文化不是一句口号，它要体现在咱们的每一次决策中，每一份评审报告里，每一次客户尽调中。这是咱们的工作职责，也是咱们对这个社会的承诺。下面，我将对大家做业务方面的培训，我希望你们在开始做第一个项目时通过实战经验先掌握基础知识。咱们接下来聊点关于担保行业的前沿观点，来更新你们对担保行业的认知，提高你们的成长上限。"

"第一，根据企业不同的情况，可以灵活高效地为企业量身设计非标化融资服务……"

"第二，不要总想着担保，投贷联动也是一门法宝……"

……

业务培训结束后，阿强举起了手："璋哥，我们最想知道您业绩那么好的技巧。"璋哥听罢说道:"阿强你可真是急性子,业务都是踏踏实实做出来的,整天想着走近路你早晚得'遇险'。"璋哥的无心之言竟一语成谶,数月之后,阿强果然在项目上出了风险……

接下来的几个月,阿强的第一个项目顺利过会。阿强的自信也水涨船高,觉得自己不仅是做业务的一把好手,甚至开始自诩为担保行业的"鬼才"。

一次偶然的机会,阿强听说了一条"野路子":某些小型的会计师事务所可以为企业客户"量身定制"虚假的信用评级报告。这些报告能够通过修改财务报表、虚构合同和订单,甚至伪造银行流水,进而夸大企业的盈利能力。阿强为了离成功转正更近一步,他开始引导那些急需融资但财务数据又不太符合条件的企业,去这类会计师事务所出具审计报告,并依据出具的报告形成光鲜亮丽的项目评审报告。阿强本以为做得天衣无缝,但令他没想到的是,璋哥在进行项目分配时有意让阿慎做他的B角。

阿慎与生俱来的谨慎让他对企业财务数据的真伪有着敏锐的洞察力。他看到阿强提供的尽调数据时,注意到了几个异常点:首先,企业的某些财务比率与行业平均水平相比异常优秀;其次,客户的增长曲线在过去几个月中异常陡峭,与市场整体状况严重不符;最后,一些所谓的"大订单"背后的公司在网络上几乎很难验证。阿慎发现很多信息与二人赴企业尽调时不一致,便将情况汇报给了璋哥。璋哥交代阿慎去核实这些内容。随后,阿慎联系银行,以核查该企业主要账目流水的真实性,他又多次调研了相关企业,以获取更多第一手资料。最终,他发现了真相:企业与某会计师事务所勾结,精心编织了财务数据。阿慎把这些证据呈现给了璋哥。璋哥看后,脸色沉了下来。他决定借此机会给大家上一课,不仅是对阿强,更是对团队所有成员的一次警示。

在部门预审会上,璋哥并没有直接点出阿强的名字,而是开始讲述一个故事。"最近我听说其他公司有一个项目经理,他发现了一个'特殊'的方法可以迅速提高业绩,但这个方法是业内禁止的。他心动了,开始尝试……"璋哥的语气平静,但每个字都重重地敲打在每个人的心上。阿强的脸色开始发白,他意识到璋哥说的很可能是自己。但他还抱有一丝侥幸,希望这只是璋哥的一次例行教育。然而,璋哥接下来的话彻底打碎了他的幻想:"这个项目经理很聪明，但他忘记了，公司的每个项目都需要经过严格的评审和风控。最终，他的行为被风险控制部门戳穿，导致他不仅无法转正，还因此彻底丢掉了工作岗位。"

瑝哥顿了顿，目光如炬地扫过每一个人，最后定格在阿强的身上："'邪门歪道'虽能短期带来业绩，但终究不是正途，担保这个行业不是玩游戏，失误了可以重新来过。项目的安全落地是我们的生命线，任何企图绕过这条线的行为，都是对自己、对公司、对社会的不负责任。"阿强低下了头，他的心中充满后悔。他知道自己错了，也明白瑝哥的用意。瑝哥没有当众揭穿他，留给了他一丝尊严。

会议结束后，阿强主动找到瑝哥，承认了自己的错误，并表示愿意接受任何形式的处罚。瑝哥看着阿强，语重心长地说："阿强，你是个聪明人，也有一定的工作能力，但能力再强，也要有正确的价值观作为指导。如果你以后还想从事这个行业，就要彻底摒弃先前的'歪心思'。"说完后，抬手一挥，不用明说，阿强也知道其用意。被逐出"师门"的阿强想着自己在担保公司的职业生涯已经终结，懊悔不已。

（三）

新公司的总经理办公室里，瑝哥靠在椅背上，手中转着一支银色的钢笔。今天，他要开展一次临时的团队协作能力大测试。

瑝哥团队的老客户中有一家做电子器件的公司，业务多元。瑝哥觉得用它作为"考卷"再合适不过了。他将整个团队分成了三个小组，每个小组都有其特定的任务和责任。

决策组只有瑝哥一人。他的沉稳和经验是整个团队的定海神针。分析组由阿美和阿秀组成，阿秀喜欢深入挖掘数据，而阿美则更注重市场趋势。至于操作组，由新人阿辉和阿慎担任。

测试一开始，分析组的阿美和阿秀就因市场分析方法的不同而出现了分歧。阿秀觉得根据财务数据做出来的判断可能更准确，而阿美则相信宏观市场的脉动远比冰冷的数字更重要。最终阿美用语言艺术说服了腼腆的阿秀，但这也导致分析组的尽调逐渐偏离正轨。

另一组的阿辉和阿慎也遇到了问题。阿辉的眼镜片反射着电脑屏幕的光芒，他的额头上隐隐渗出汗珠。作为试用期新人，他异常谨慎，生怕犯任何错误。在他对电子器件公司的合同文件进行第三遍校对时，对每个条款、每个数字，甚至标点符号都不放过。阿慎从阿辉的桌边经过，看到阿辉还在对合同进行检查，不由得皱起了眉头。他知道阿辉的小心是有原因的，但他也清楚，时间就是金钱。他们的项目尽调需要快速推进，而阿辉的这种速度显然会拖慢整个团队的节奏。"阿辉，你这是第几遍检查了？"阿慎忍不住问道。"第三遍。"阿辉不抬头地回答。阿慎叹了口气："你的细心我理解，但你这样反复检查，项目进度怎么办？"阿辉抬起头，眼神里有一丝固执："但如果出错了怎么办？"两人的声音越来越高，璋哥在一旁看着这一切，眼神平静如水。他早已预料到团队可能会有摩擦，但他知道，这正是团队难得的成长机会。

尽调结束后的团队会议上，璋哥用他的经验和知识，为每个人指出了尽调盲点："阿秀，你的数据分析非常到位，这是尽调的基础。阿美的市场分析同样重要，但不能作为我们判断项目的主要依据。阿辉，我很高兴看到作为新人的你如此细心，但过度的检查反而会拖慢进度，一个尽调项目不但需要保证质量，同样需要追求效率。这样，阿慎你负责初步的审核，确保文件的准确性；阿辉，你来负责对接法审流程和放款流程。"

在璋哥的领导和团队协作下，电子器件公司的融资服务方案迅速完成，超出了企业预期。

（四）

某天，璋哥坐在办公室里眉头紧锁，原来阿秀这几天有点心不在焉，甚至今天都没来上班，这与她一贯的行事风格大相径庭。更让璋哥担心的是，他给阿秀打了数次电话，始终无人接听。他从人事部那里要到了阿秀的住址，决定亲自去阿秀的住处看看。

璋哥站在阿秀的门前，敲了敲门，没有回应。"阿秀，是我，璋哥。"听到是璋哥后，阿秀把门开了条缝，确认是璋哥后让他赶快进屋。璋哥进门后，眼前的景象让他愣住了——阿秀面色苍白，盖着红章的纸散落在地板上，看起来是从门缝塞进来的。阿秀抬起头，眼中满是泪水，她的声音哽咽着："璋哥，对不起，我……我不知道应该怎么办。"璋哥坐到她的身边，温和地说："告诉我发生了什么事，我们一起想办法。"在璋哥的耐心安慰下，阿秀把一切都说了出来。原来，她作为项目 B·角，与 A 角合作的一个重要项目出现了问题。由于 A 角的严重失误，项目面临巨大代偿风险。公司扣除了两人半年的绩效工资作为处罚。

"我车贷逾期了，贷款公司的人天天来催，我……我不知道该怎么面对这一切。"阿秀的声音越来越小。璋哥没有犹豫，他掏出手机，给阿秀转了 1 万块钱："先用这个解决车贷的问题。"阿秀犹豫再三后接受了帮助。璋哥的慷慨让她心中涌起一丝温暖。"但这不是长久之计，阿秀。"璋哥知道，这个时候的阿秀需要的不仅是经济上的帮助，更是鼓励和信心。

"阿秀，你知道吗？"璋哥轻松地开了个玩笑，"没有你，公司的零食都没人买了。"阿秀愣了一下，然后忍不住笑了出来。璋哥的话让她倍感温暖。"而且你知道的，公司的成员就像是我们小时候玩的拼图游戏，缺了一块就不完整了。你是最关键的一块，没有你，我们的拼图怎么可能完整得了呢？"阿秀的表情逐渐放松起来，璋哥的话让她感到自己并不孤单。璋哥又补充道："再说，如果你不回来，我怕我得天天面对那些因为找不到零食而像丢了魂的同事们。你想让我的血压每天都飙升吗？"这次，阿秀笑得很开心，她的泪水慢慢消失。看到阿秀心情好转，璋哥知道是时候该谈正事了。他坐直了身子，语气变得认真起来："阿秀，你的经历让我深思，我只对你们讲了要预防风险、尊重风险，但并没有和你们讲如何处理项目出险情况。走吧，跟我一起回公司，有些话需要和大家讲一下，让每个人都能正确地面对项目风险。"

回到公司后，璋哥站在了会议室最前面，他清了清喉咙："阿秀近来遇到了一些困难。"璋哥的语气平和，但每个字都清晰有力。团队成员们交换了忧心的目光，气氛变得凝重。"但她的遭遇其实是我们每个人都可能面临的情况。"璋哥继续说道，"今天，我想用一个故事给大家说明绩效与风险的关系。在遥远的海域，有一片被称为绩效岛的神秘之地。这里，每一个船长都是各自命运的主宰，他们驾驶着各式各样的船只，寻找那些传说中的宝藏。但绩效岛的宝藏并不是简单地散落在沙滩上等人拾起，而是隐藏在深海的暗礁之下，或是风暴过后的彩虹之中。这就意味着，每个船长都必须学会如何在风平浪静时精准航行，在暴风雨中稳住船舵。如果我们对暴风雨掉以轻心，或者未能做好准备，那么我们的船只就可能遭遇不幸，我们不仅会失去宝藏，还可能失去我们的信心，甚至是我们的船。"璋哥停顿了一下，"因此，我的同伴们，我们必须对项目风险有充分的认识和准备，这样我们在面对风险时才能够不被打败！"

风险意识要从"娃娃"抓起

（五）

年度颁奖典礼上，璋哥和他的团队因在风险管理方面表现出色脱颖而出，荣获了最佳团体奖。在庆典的余韵中，其他分公司的一位老总向璋哥求教成功秘诀。璋哥微笑着，细水长流般平和地分享了他的心得：担保公司必须依据内部控制的规范和业务流程的需要，建立起一个合规体系。

接下来，璋哥详细阐述了合规体系的三大支柱。

首先，职责的明晰。他认为每个部门和岗位都应该有明确的职责划分和适当的权限，这样可以有效避免职责不清和工作重叠的问题，从而提高整个团队的工作效率和质量。

其次，部门协作的力量。璋哥认为，风控和业务部门之间应当有一个畅通无阻的沟通渠道，这样能够保证信息的快速流转和实时共享，使风险防控的相关指导能够及时到位，减少经营风险。

最后，他强调了风险文化的重要性。通过建立一个全面的风险管理框架、加强员工的培训与教育、优化沟通反馈机制，让每一位员工都成为风险管理的积极参与者，共同提升公司在风险管理方面的整体水平。

璋哥的话语展示的不仅是一种方法论，更是他对担保业务和团队管理深思熟虑后的智慧体现。

第二节　见微知著

一、"投"与"保"

汉初，社稷初定，百废待兴，历数犹守秦制。武帝令修历法，遂创《太初历》，八十一分律历与天道相符，日月交辉若合璧，五星排列如珍珠，工巧天成，备极精微。观今融资市场之态，"投"与"担"若各自为营，固守陈规，则难免局限于旧章。何不"投""保"相辅，珠联璧合，共绘新图，留传佳话于世？

（一）

在担保公司旗下创投子公司的部长办公室内，静香端坐于一张古典气息浓郁的桃木书桌前，她的目光不时在周围那些象征着荣耀与成就的奖杯和证书间流转。这些沉甸甸的荣誉，宛如一幅幅优美的画卷，诉说着她职业生涯中的辉煌瞬间。然而，她的情绪却如同窗外的天空，显得有些朦胧。"这个项目回报率不错，放弃实在可惜，但风险确实有点高……"自言自语间她的眉头轻蹙，心中涌起了一丝不易察觉的忧虑，思绪也如同被秋风卷起的落叶，飘回到了决定她人生轨迹的转折点。

（二）

2014 年 1 月 24 日，金融界的一场变革风潮席卷而来。那是一个冬日的周五，阳光透过冰冷的空气，映照在繁忙的街道上。那天，随着新三板扩容的实施，首批近 300 家企业宛若璀璨星辰般耀眼登场，使新三板企业总数激增至 621 家，二级市场脉搏因此而加速澎湃，生机勃勃。A 股市场也在这股力量的推动下迎来了牛市。在担保行业沉浸了五年的静香，如同一位经验丰富的猎人，嗅到了业界变革的气息。她毅然决然地放弃了熟悉的领域，跨界到了创投公司，渴望在创业投资的海洋中探寻新的宝藏。

到了创投公司，静香如同一位勤奋的学者，研习着创投的经营理念与管理模式——募、投、管、退。然而，5 年身为担保项目经理的职业习惯早已深入骨髓，使得她对项目的财务状况能够把控得严丝合缝。不过，她的这份执着却总让上司忍不住提醒她，应该更多地关注企业的未来潜力，而不是仅仅盯着当前的财务数据。因此，尽管她手中的投资项目都表现稳定，但她的能力却未能得到应有的重视。反观她的同事阿来，凭借其大胆的投资风格和高回报的项目案例，成为公司内部的"明星"，这不免让静香的心中涌起了一丝苦涩。

（三）

2016 年 10 月的一个清晨，上司将智能设备公司的财务报告放到了静香的桌上，告诉她负责这个投资项目的阿来因婚假暂时离岗，财务报告已由他审阅过了，在后续的投后管理工作中，这份报告只需要复核一下就可以了。

静香在网上搜了智能设备公司的相关信息，一家位于滨海市的企业，自 2002 年以来一直稳健经营，2016 年通过收购 A 公司成功借壳上市，旗下经营的高端智能化电子视像硬件设备，尤其是风靡一时的 VR 概念产品，使其成为市场的宠儿。静香拿起智能设备公司的财报，发现这是家典型的"三高"模式企业——高毛利率、高收入增长率、高细分市场占有率，其所在的行业前景似乎无限美好，这让它成为创投公司投资的理想对象。

静香本想应付了事，毕竟她清楚自己不过是走个流程，但当她拿起那份财务报告时，她作为担保项目经理时的谨慎作风又一次占据了上风。她开始认真地研读起这份报告，那些数据表面上看起来无懈可击，但她的直觉在告诉她：这里面似乎隐藏着不为人知的秘密。想到这里，她决定深入挖掘，看看这份光鲜的报告背后到底隐藏了什么真相。她尝试像剥洋葱一样，一层层地揭开智能设备公司的面纱。

办公桌前，静香像一位孤独的探险家，深入幽深的密林中。她的眼睛在智能设备公司的财务报表上飞速扫过，寻找那些隐藏在数字背后的秘密。每一个数字，每一个比例，都在她的脑海中构建出一幅幅图景。2014 年度的销售收入 4 亿元，利润 1.6 亿元；到了 2015 年，销售收入飙升至 16 亿元，利润更是达到了惊人的 7 亿元。这数字的跳跃，即便看惯大风大浪的静香，也不禁心生疑窦。表面繁荣的背后是经营性现金流的虚弱脉络，与收入和利润的壮硕身躯形成鲜明对比，静香的直觉告诉她，其中可能存在大股东占款的可能性。

但仅凭直觉并不能证明有问题，她联系了智能设备公司的财务部门，以做投后管理为由向对方要来了 2016 年 1 月至 9 月的报表。对方财务不解，身为项目主要负责人的阿来通常都是草草了事，这次怎么突然要报表了呢？

静香并不想惊扰对方，便以常规的投后跟踪为由搪塞了过去。成功拿到报表后，她核算了每年利润占当年总利润的比重，2014 年占比为 42%，2015 年占比达 89%，到了 2016 年 9 月，利润竟达到了 6.07 亿元，占比高达 150%。这不合常理的现象，无论是从数学的严谨性还是财务的逻辑性来看，都显得荒谬。她脑中出现了两个猜想：（1）智能设备公司可能正在使用不当的手段来调整利润；（2）智能设备公司其他业务可能发生了重大亏损，但并未在财务报告中明确说明。

凭借对财务数据的敏锐直觉，静香开始怀疑智能设备公司公布的财务报告的真实性。为了揭穿这家公司可能隐藏的财务问题，她知道必须要进行更深入的调查来搜集充分的证据。

（四）

静香取出了阿来的投资分析报告，里面记载着智能设备公司的 20 家下游客户的详细信息，这些客户与智能设备公司的利润紧密相关。在接下来的调查中，她发现智能设备公司实控人在 2014 年至 2015 年主导的对外投资中，有 9 项投资的合计金额高达 33 亿元，占到了 2016 年三季度末净资产的 62%。静香的审视如猎鹰般锐利，她发现智能设备公司实控人主导的对外投资重叠了这些下游客户。当她深入挖掘这些企业的背景时，相互交织的关系网开始浮现。

这些企业与智能设备公司之间的关系，显然不是简单的投资与被投资关系。她发现有两家企业的法定代表人是同一人，并且此人还曾在智能设备公司的关联企业中担任过高管。这一发现让她开始怀疑智能设备公司实控人是否以投资名义，将资金注入这些企业，然后通过这些企业购买智能设备公司的产品，进而虚增智能设备公司的销售收入和利润。

想到这里，静香拿起旁边书架上的《企业会计准则》，她的目光落在了关联方披露的章节上，喃喃自语道："这9家企业既然已经被智能设备公司收入麾下，那它们就与智能设备公司构成了关联关系，其购买智能设备公司的产品就不再是市场交易，而是关联交易。这些交易的规模相当大，但智能设备公司也没有对上述关联交易或关联方做任何披露，这种情况原则上是不可以将其直接计入利润的。智能设备公司选择不披露，肯定有猫腻。"经过一番分析，静香完全有理由断定这是智能设备公司实控人安排"傀儡"帮其营造业绩辉煌的假象，并以此抬高公司股价。

为了验证自己的推断，静香决定进行实地调查。她将自己手头的其他项目暂停下来，着手核实智能设备公司投资客户的具体情况。她决定先拿其中的 B 公司"开刀"。关于 B 公司，智能设备公司用 5 亿元人民币将其收购为控股子公司，占股比例达 60%。静香还根据尽调得知，智能设备公司投资 B 公司的主要原因在于其拥有较高技术和研发水平的无人便利店系统，同时致力于物联网和虚拟现实技术的研发，具有光明的投资前景。

（五）

在滨海市郊，一座被岁月侵蚀的办公楼静静矗立，其外观与周围荒凉的景象相互映照。静香站在 B 公司的办公室门口，她那双习惯于穿透财务报表的锐利眼眸此刻却流露出一丝戏谑。一张普通的 A4 打印纸，就那么简单地贴在墙上，上面用黑体大字印着 B 公司的全名。这幅场景，与她心中的高科技企业形象格格不入。

门并未上锁，她轻轻地推开门，嗅了嗅，空气中弥漫着一股陈旧纸张和设备的味道。办公室内空无一人，不足 100 平方米的空间堆满了各种杂物和几台散发着金属冷气的破旧电脑机箱。这一切无不在诉说着企业的荒废与落寞。这与智能设备公司所吹嘘的高新技术研发能力，显然有着天壤之别。

静香的目光在办公室内扫过，最终定格在那些电脑机箱侧面的固定资产标识牌上，那里刻着"××××公司"几个字。静香拿起手机，迅速地检索着相关信息，很快，她发现这是 B 公司在 2014 年之前的名称，并且该公司当时的主营业务与人工智能领域毫无关系。

静香轻轻地叹了口气，她能感觉到这里的每一粒尘埃都在无声地讲述着一个关于虚幻与真实的故事。静香对其他 8 家投资企业的调查也迅速展开。在对 8 家投资企业的实地调查中，她发现了一系列令人沮丧的事实。除了两家公司的残烛还在保持着微弱光亮，其他企业早已陷入被时间遗忘的"破败废墟"中。

静香在内心感慨，这场在财务报表上精心策划的虚幻，在现实世界中显得如此荒诞。而项目的主要负责人阿来却没有发现……

"投"与"保"

（六）

在金秋的柔和阳光下，静香坐在办公桌前写起了投后报告，用文字揭开了智能设备公司精心编织的财务迷雾：智能设备公司，虚构了一系列关联方交易，巧妙地将收入和利润藏匿于应收账款和预付账款中。同时，智能设备公司还借着VR等前沿科技概念的东风，收购了一些包装成"VR生态"的低质资产，并以此为噱头继续向投资者展示其虚假的繁荣，不断抬高股价。随后，智能设备公司通过股权质押的方式套现，再将部分资金通过其关联子公司悄悄回流，形成了一个完美的造假闭环。

静香将那份沉甸甸的报告如同递交宣言般，交到了上司手中。上司阅读后，果断指派专人尽快处理与智能设备公司的"分手"事宜。不久之后，智能设备公司的丑闻便如同被猛烈的风暴揭开，暴露在世人眼前。

原来，智能设备公司的实控人曾与A公司签署了一份《盈利预测补偿协议书》及补充协议。在协议中，智能设备公司的实控人对未来的经营业绩做出了若干保证。但在市场竞争的激流和经营的重压之下，智能设备公司的实控人为了达成业绩目标而疲于奔命，不惜采取了种种见不得光的举措。最终，当其财务舞弊行径被揭露时，智能设备公司2016年的财报也迅速"变脸"，亏损高达40亿元。

创投公司领导层对静香的专业和努力给予了高度评价，并安排她主持一场内部培训讲座。在那个充满期待的早晨，静香站在讲台上，她的声音如同激昂的乐章，将那些通过案例学习到的宝贵启示传递给了同事们。

第一，对于对外投资占比大的企业，项目经理在尽职调查的过程中，应尽可能地对被投资标的进行实地走访考证。

第二，高速增长的业绩若无健康的现金流作为支撑，也只会是镜花水月。如果在收入迅猛增长的同时，其经营性现金流很差，大概率是收入流向了应收账款和预付款项，要警惕应收账款和预付款项占比高的公司。

第三，要关注上市公司并购后形成的大额商誉，同时持续跟踪其股权投资质量，避免大额商誉减值带来的业绩下滑而带动股价暴跌。

在同事们认可的目光下，静香继续把自己利用保后管理去做投后管理的经验和思维方式分享给了同事们。然而，随着讲座的深入，她察觉到了气氛中的微妙变化，看着部分同事们的眼神中透露出了疑虑和否定，静香心中的热情也如同被泼了冷水。

在培训结束后，她将自己的疑惑讲给了上司。上司的话语中透露出无奈，他告诉静香："创投界常说的'风投'，就是因为投资本就伴随着风险。你的谨慎和洞察力是难能可贵的，但如果咱们公司里每个投资经理都对细节处处留神，咱们可能就要头疼了，咱们的投资效率和投资回报就都有可能打折扣。"

<h2 style="text-align:center">（七）</h2>

在银河创投公司年终盛典上，当光彩夺目的优秀奖杯再一次颁发给了阿来时，最后一根稻草还是把静香给压垮了。在那个灯火辉煌的夜晚，她的骄傲如同被深冬的夜风吹动，散落一地，无人问津。

静香在一片灰暗的情绪中，同她在担保公司工作时的故旧相约在一家放着悠扬爵士乐的餐厅内相聚。那里，岁月静好，仿佛能让人暂时遗忘世俗的纷扰。古铜色的灯光下，静香点了一杯威士忌酸，她轻抿一口色泽深邃的烈酒，每一滴都似乎在舌尖上诉说着职场的艰辛与苦涩。

为了不让沉重的心情笼罩两人的重逢，她与友人聊起了 2015 年 8 月，那个震撼全球的股市动荡时段，她们一同回顾了中概股的波澜壮阔、私有化的跌宕征程，以及国内初创企业在融资环境中的艰难求生。静香逐渐发觉，在金融风暴过后，国内的创投圈也似乎从狂热之中慢慢醒来，开始寻求一种更加理性的发展模式，而创投公司的投资思维显然难以为继。

就在两人热聊时，静香的朋友低声透露了一则消息：担保公司正计划孵化一家独树一帜的创投子公司。这家新公司将以投保联动的策略来精准掌握中小企业的风险和潜力。目前担保公司正在从内部挑选一些经验丰富的项目经理，派遣他们到创投子公司进行锻炼。这个消息如同冬日里的一缕阳光，驱散了静香心中的阴霾。她的激情被新的希望所点燃，她知道这可能是一个崭新的起点，一个可以让她大展身手的舞台。她的眼中闪烁着坚定的光芒，仿佛已经看到了自己在新的领域中驰骋的身影。

与朋友相聚的第二天，静香怀着一颗期待的心，将精心准备的简历呈递给了自己的"老东家"。她申请了创投子公司业务主管的职位，渴望在新的舞台上展示自己。面试过程中，她的老领导只向她提出了一个问题："担保公司跨界经营创业投资，相较于市面上的创投机构，你觉得优势在哪里?"静香思索片刻，扼要地说了三方面优势："第一，担保公司主要服务于中小企业，这些企业构成了一个庞大的项目基数，为挖掘具有高成长潜力的企业提供了一片广袤且肥沃的土壤。第二，担保公司往往会伴随企业一同成长，这种深入的了解使项目经理能够高效地挖掘到真正有发展潜力的项目。此外，相较于常规创投机构一年一次或两次的投后管理频率，担保公司往往对投后企业跟踪更频繁。第三，担保公司持续的支持与陪伴能够跟企业建立深厚的信任与好感。当企业考虑股权融资时，往往会优先考虑那些早已服务于己的担保机构，即独特的机遇优势。"

她接着分享了自己调查智能设备公司时的经历，结合具体案例生动地阐述了投保联动的风控优势。老领导继续提问："那关于投保联动的机制，你有什么想法?"静香思索片刻，结合了自己在担保公司及创投公司工作的经历，向老领导说明了她对于投保联动机制的理解。(1) 为保证项目有一套成熟的评判标准，需要有适应投保联动项目的特殊评审会机制；(2) 为保证项目从担保项目经理传递到投资项目经理时不断层，需要有一套项目推荐与跟踪反馈机制；(3) 为保证担保项目经理有动力推动投资项目的落地，需要有一套合理的奖励机制；(4) 为保证项目能够得到不同角度的客观评判，需要有一套风险控制及评级机制。

老领导听后不禁赞叹，他认为静香不仅有着深厚的专业知识，更有着将理论转化为实际行动的能力。在那个充满期待的瞬间，老领导当场宣布录用静香为投资部业务主管。这不仅是对她能力的认可，更是对她潜力的期待。静香的内心也很激动，她知道，这是她职业生涯的一个新起点，一个能让她将激情与智慧融为一体的全新舞台。

（八）

"咚咚咚……"一阵急促的敲门声打破了这份宁静，将静香从思绪的海洋中迅速拉回到现实的岸边。门外是一位助理焦急而紧张的神情："部长，我们那个项目还投吗？"静香捏了捏微皱的眉头，微笑说道："不投了。"她的话语简洁而清晰，没有丝毫的犹豫。

二、找"李逵",弃"李鬼"

自 18 世纪工业革命起,人类文明在科技领域之进步,已在短短数百载中超越了先前 6000 年之成就。如今,人类文明驻足于第四次工业革命门槛前,目睹着人工智能如何催化产业结构进行根本转型,引领人类步入一个智能化的新纪元。在这浪潮汹涌的时代,担保公司若欲立足,必须紧握时代脉搏,加速推进数字化、智能化转型之步伐,与中小企业同频共振,为企业之兴盛提供更加卓越、精准的服务。唯有如此,方能在未来的竞争中占据主动,续写辉煌篇章。

（一）

在担保行业这个需要智慧与耐心并重的棋局中,滨海市某担保公司的担保部部长涛哥是一位精通布局的围棋高手。他的担保从业生涯,恰似一盘绵延十年的对弈,布局深远,妙手频出。然而,近来他眉头紧蹙,凝视着公司担保业务的大棋盘,虽然棋盘上的子力布满,但真正能够落子成局、掌控胜势的项目却屈指可数。涛哥不断思索破局之策,眉头的皱纹变成他内心忧虑的写照,眼中闪烁的不仅仅是锐利与果敢,还有一抹难以言说的忧愁。

一年一度的年终总结大会上弥漫着凝重的气氛。担保公司总经理站在众人面前讲道:"大家听好了,今年的市场形势已经给我们敲响了警钟,我们当前面临着四个矛盾,每一个都充满挑战。第一,我们需要在政策性担保服务和盈利之间找到平衡点;第二,我们的业务品种跟不上企业的需求。我们必须保持创新,否则就会被市场淘汰;第三,市场变化迅速,我们的风控标准需要跟上经济形势变化的节奏,同时又要做好风险控制;第四,行业数字化转型和传统运营模式之间存在矛盾。监管越来越细致,越来越智能,而我们的系统还未实现真正意义上的数字化。长此以往,我们将面临被市场淘汰的风险。"

总经理的话犹如秋日里的寒风，刺骨逼人。接着，他话锋一转，语气激昂地说道："现在我们必须背水一战，寻找突破，解决发展过程中的四个矛盾。"这番如同晨钟暮鼓的陈词，激励着在场每个人。

（二）

涛哥，985大学毕业的工科精英，毕业后虽从事了金融行业，但一直怀揣着对高精尖技术的崇拜之情，公司传统的线下尽职调查方式对于一些小额度贷款担保项目来讲，时间、人力成本较高，每次他做相关项目，都希望能有一个配套的线上系统祝他一臂之力。而总经理在年终报告中提到的数字化转型的那番话正巧激起了他内心深处的共鸣，点燃了他探寻数字化之路的热情。

不过，涛哥也得知了一个消息：他曾经的老友已经跳槽至某担保公司，该担保公司已经投下了巨资助力数字化转型。这个消息让涛哥的心中掀起了波澜，竞争的敏感让他决定立刻行动起来。他开始策划，思索其所在的担保公司如何实现全面数字化。然而，随着第二季度业绩数据的揭晓，涛哥从老友那里得到了新消息：好友所在的某担保公司的数字化转型并未如预期那般带来业务上的提升，反倒是担保项目经理们对新系统怨声载道，诸多系统bug频发。这让涛哥意识到，数字化转型并不能一蹴而就，它需要的不仅仅是资金的投入，更是对实用性、操作性的精雕细琢。

在好奇心的驱使下，涛哥开始探究背后的故事。他得知，某担保公司的数字化新系统是由市场上颇具盛名的数字化方案解决商A科技公司搭建的。A科技公司之所以名声在外，部分归功于他们的高级计算机工程师小贾——一个拥有着传奇经历的天才黑客少年，后被A科技公司"招安"，成为A科技公司的明星人物。

在掌握了基础情况后，涛哥踏入了总经理的办公室，他将自己的焦虑，以及某担保公司的数字化转型情况汇报给了总经理。总经理深知数字化转型的紧迫性和重要性，出于对涛哥能力的认可，决定让涛哥负责开拓公司的数字化之路，并指派他与A科技公司接触，以探明某担保公司徒劳无益的根本原因。

（三）

涛哥来到了 A 科技公司，接待人员在得知涛哥来自滨海市担保公司之后，便以小贾曾帮某担保公司搭建过数字化担保系统为由，安排两人在 A 公司的洽谈室见面。涛哥与小贾坐定后，接待人员为两人端来了咖啡，涛哥透过蒸腾的热气，打量着眼前这位年轻的技术骁将。他缓缓地开口，语气中带着一丝探询："贾工，不知您能否赐教，关于您为某担保公司构筑的那套系统方案？"小贾毫不避讳，登录了自己的测试账号，将某担保公司的内部系统和数据展示给涛哥。涛哥被小贾的职业操守和对客户隐私的行为震惊到了，眸子里掠过一丝不可思议。小贾似乎捕捉到了涛哥眼中的波动，以一种无所谓的姿态耸了耸肩，轻描淡写地说道："这有何妨，反正你们也要做，不弄清楚架构的话你们又怎么能做好呢？"

然而，当涛哥审视着那个被称作"数字化"的系统时，不自觉地皱起了眉头。那个系统仅仅实现了对客户信息的基础收集和业务流程的电子化，这与他心中构想的数字化水准相去甚远。他轻声继续追问："这就是某担保公司的全部需求了？""啊……对。"小贾这个犹豫的回答让涛哥对他的专业性产生质疑，便试探性地问："听闻您曾经是天才少年，曾凭一己之力黑入过某大厂的系统，关于那段经历，我是否有幸窥见一二？"小贾的眼神开始闪躲，摊开双手，嘴角挤出一丝似有若无的笑容，向涛哥解释道："那些往事，我的律师已经叮嘱过了，不可以和外人讨论。"涛哥点了点头，嘴上说着："完全理解。"但凭借其多年与客户打交道的经验，他判断这个小贾可能是个"大忽悠"。

（四）

在与这位"大忽悠"告别之后，涛哥的心中依旧对 A 科技公司和小贾的真实背景感到好奇。他找到了滨海市担保公司信息部门的资深工程师小张，把这个任务交给了他，希望小张凭借自身的技术及人脉，揭开 A 科技公司及小贾背后的秘密。

几天后，小张递给涛哥两份简洁明了的调查报告，一份是对 A 科技公司的质疑和"控诉"，另一份则揭露了小贾的"黑历史"。那份"控诉"来自一位曾在 A 科技公司任职的业内人士，他离开 A 科技公司后，凭借独创的算法起家，创办了自己的公司。而 A 科技公司得知曾经的员工竟发明了这么先进的算法，出于对这一算法的觊觎，A 科技公司"招兵买马"，企图通过逆向工程来窃取其算法的秘密。

至于小贾，那份"黑历史"则揭示了一个令人啼笑皆非的真相。原来，所谓的黑客行径，不过是他在某大厂工作期间操作失误导致系统崩溃，严重影响了数十万用户。为了掩盖内部失误，该大厂便让小贾对外宣称是接受上级授意故意"黑入"系统的，目的是测试自身的网络安全保障措施是否到位。而 A 科技公司却误以为他技术非凡，并对此深信不疑，将他纳入逆向工程团队后委以重任，结果小贾却将某担保公司的数字化系统搞得一团糟，技术团队不得不赶紧修复，但修复后的系统依旧未能满足实际业务需求。

"看来 A 科技公司是想让小贾照葫芦画瓢啊，这不行，信息化平台的搭建成本巨大，影响深远。小张，那位早年离开 A 科技公司的业内人士你了解一下，调查清楚后发给我，我需要尽快了解那家信息化服务公司的情况。"涛哥说道。

"我提前帮您查过了，那位业内人士是振总，他的 B 科技公司早前还主动联系咱们做业务，但当时他们的服务案例较少，咱公司没同意。据我所知，现在振总将 B 科技公司运营得相当不错，正在扩张招人呢。"小张回答道。

涛哥拨通了振总的电话，电话那头传来简洁而干练的问候："你好，哪位?"涛哥礼貌地介绍自己："你好振总，我是某担保公司的涛哥，我希望……"话音未落，振总便出口打断了他："之前我们申请的贷款担保没通过，最近我们现金流充足，不做不做!""振总，这次我联系你，并非为了贷款担保之事，我们听说您的企业在主研数字化新系统，希望请您为我们公司做一套新的数字化系统。"涛哥解释道。"我们的新技术还不完善，抱歉。"说罢，振总便挂断了电话。

面对这突如其来的冷遇，涛哥一头雾水。但他为了公司及部门的长远发展，还是想跟 B 科技公司再深入对接一下。他翻看了先前 B 科技公司的贷款担保评审报告，报告中对振总的评价是：技术大咖，但情商欠佳。涛哥不禁苦笑。但他很快将注意力转移到了报告中的另一位人物——B 科技公司的副总阿聪。阿聪是 B 科技公司的老资历，报告中对阿聪的评价是：管理出身，创业热忱，务实认真。涛哥决定以阿聪为切入点，商谈数字化平台的合作建设。他希望通过这种更为策略性的沟通方式，为担保公司争取到一个可靠的服务商。

（五）

一番周折后，涛哥终于与阿聪会面。那是一个温暖的午后，涛哥来到了阿聪的办公室。这间办公室的装潢简朴而不失格调，书架上摆满了各类专业书籍，墙上挂着一幅水墨国画，远山含翠，近水潺潺。涛哥的目光不由自主地落在了阿聪的那部屏幕保护膜上泛起气泡的手机上，这个细节似乎映射出了评审报告中对阿聪的描述。

一番寒暄后，涛哥切入正题："聪总，我最近刚刚去过 A 科技公司，听说您在那贡献良多，能否分享一下您跟随振总成立 B 科技公司的初衷与经历？"阿聪听后，眼神中闪烁着对往昔岁月的追忆，开始叙述与振总共同创业的往事。每当谈及振总和他的技术时，阿聪眼中都会闪现出敬佩和赞许的光芒，这无疑表现出他对振总技术能力的崇拜。

然而，当涛哥巧妙地将话题转向 B 科技公司未来的融资计划时，阿聪打断了他，并坦率地谈起了公司当前的资金需求，声音中带着一丝自嘲，也有几分豁达："确实，我们正在计划扩张，可您也知道，像我们这样的科技公司没有足够的抵押物，纯信用融资总是很艰难，之前就找你们做过一笔，但是没通过。"

"哈哈，的确如此。"涛哥的笑声中夹杂着几分尴尬，"之前联系振总，他也记着此事，但我必须强调一下，此一时彼一时，如今我们有了更多适合科技型中小微企业的融资产品，融资成本也大幅降低。您现在完全可以找我们融资，而且我们还打算成为你们的客户呢。"

阿聪挑起了眉毛，显得颇感兴趣："哦？此话何解？""在我们讨论这个话题之前，我想先听听您对企业数字化转型的看法。"阿聪的回答流畅而精简："数字化转型对企业来说，无疑是提高生产效率、优化供应链管理、改善客户体验、实现数据驱动决策、推动组织结构变革以及激发创新的关键。在这个数字化日新月异的时代，企业必须认识到转型的迫切性，确保在激烈的市场竞争中处于有利地位，开辟更广阔的发展前景。"

涛哥进一步追问："那么，您如何看待我们担保公司的数字化转型呢？"阿聪的回答意味深长："说了半天，原来您是想让我们为您公司的数字化转型出谋划策。这个问题得让振总来回答，他才是这方面的行家里手。"涛哥点头表示理解，希望阿聪转达他的想法："那就麻烦聪总向振总传达我的诚挚问候了。"阿聪应允道："振总目前正在出差，我会及时转告他。至于合作的具体事宜，我们不妨下次见面再议。"

（六）

午后的宁静被一阵铃声划破，这铃声如同远古战场上的号角在涛哥的耳边响起："涛总，振总回来了，明天您来我们公司吧，我们当面详谈。"电话那头传来阿聪的声音。涛哥知道这是重启合作的关键机会，心情也为之一振。第二天，他如约而至，心想："这也算作'三顾'了吧。"

在阿聪的热情引领下，涛哥与振总见了面。三人围坐在装饰考究的办公室内，振总率先开口道："您说的情况，聪总已经向我转达。你先前所接触的A科技公司，他们做的系统不过是东施效颦，并且员工的素质也令人担忧。现在，请把您的构想跟我说说，我来给您想想方案。"

"我曾经详细考察过一位老友所在担保公司的数字化系统，发现那套系统对业务效率的提升并无多大裨益。而我的设想是：从市场拓展、资料搜集、风险控制、法务审核、合同签订到放款……""等等，"振总打断了他，语气平和而深沉，"您对信息化的理解仍显浅薄。我举个例子吧，之前找我们的一家企业希望通过大数据、云计算来提升业绩，但陷入了对技术的盲目追求中，忽视了自身业务的特点和行业发展规律，花大价钱建设技术团队、研发团队，重金招聘高科技人才。最后钱花了，功能没实现，亏得一塌糊涂。这背后的根本原因是什么呢？是为了数字化而数字化，把转型当作目的，当作终点，反而陷入了失败的泥淖。就仿佛一个人在内力不足的情况下修炼七伤拳，只能是先伤己。因此，您必须认识到，数字化只是一种工具或者一条路径，而不是万能钥匙，贵司应当基于自身业务的基础与优势，用恰当的方式给身体插上数字化的'翅膀'，这样才能实现真正的腾飞。从另一方面来看，隔行如隔山，我们从零开始给你们定制开发系统的话实施周期比较长，而且你们也需要安排专人花费大量的时间精力去梳理业务需求，我的建议是联合进行开发，这样我们不仅能为你们带来成熟的技术中台和产品基础，还能协助你们梳理数字化转型的思路和规划，加速你们数字化转型的进程。"

振总的这番话对于涛哥如醍醐灌顶："振总，我们公司有一个信息化部门。若确定合作，您不妨亲自带领团队入驻，帮助我们构建数字化平台，培养数字化人才，您看这个计划如何？"振总皱眉沉思没做回答，似乎在思索如何构筑系统。阿聪见状，便替他拍板定音："甚好！就这么定了。"

（七）

会谈过后，涛哥回到了担保公司，向总经理详尽地汇报了相关情况。总经理让他牵头负责数字化系统的构建。涛哥胸怀壮志，他知道，这不仅仅是一份任务，也是一次改变公司命运的机遇。他召集了各部门的精英，从信息化部门到风控部门，从业务部门到行政部门，各部门负责人齐聚一堂，在会议室内共同构筑起数字化转型的地基。涛哥的笔尖在纸上飞快跳跃，根据多方建议画出了理想的系统架构。

随着系统架构思想的逐步成熟，涛哥召集了多家公司进行公开竞标。最终，B科技公司以其深厚的专业技术成功中标。中标后，涛哥协调各方力量迅速投入紧张而有序的系统搭建工作中。在这段时间里，振总亲自率领团队，不仅为担保公司的信息化部门，也为其他部门的系统专员进行了操作和网络安全培训。业务部门的负责人也在与振总的交流中，逐渐了解到B科技公司的经营发展状况，在这样的合作背景下，B科技公司也成功得到了一笔1000万元的贷款担保，为其扩展业务提供了强有力的资金支撑。

新系统在上线前的数据接收阶段，是最为脆弱的时刻。为了考验信息化部门的危机意识和应急能力，涛哥安排B科技公司组织了一次对新系统的网络攻击演习。信息化部门的防护虽以失败告终，但涛哥借此机会对信息化部门进行了一次深刻的数据安全意识培训。

随着新系统的成功上线，它如同担保公司的心脏，搏动着充满活力的血液。在新系统的加持下，担保公司的业绩在首个季度便实现了 20% 的增长。总经理对此喜不自禁，毫不犹豫地将涛哥提拔为总经理助理并委以重任，让他主管新系统的运营与维护。

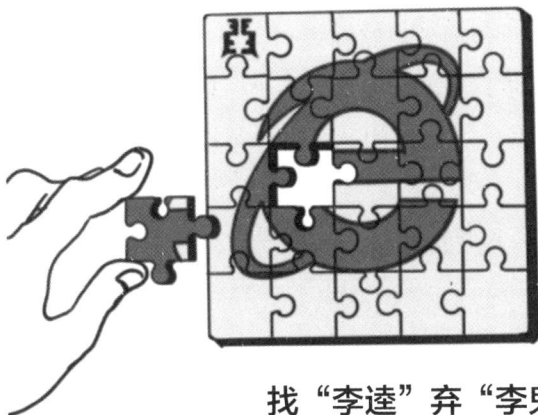

找"李逵"弃"李鬼"

（八）

其他担保公司听说了滨海担保公司成功数字化转型案例后，纷纷前来取经，涛哥将经验毫无保留地分享给了各方。

1. 明确目前担保行业发展的主要瓶颈。第一，政策性定位与市场化运作的矛盾。政策性担保定位于支持小微和三农企业，服务普惠金融，承担着解决中小企业融资难的政策性功能，具有"保费低、收益低"的双低特点，整体收入受限。如果仅依靠政策性担保业务，收支难以维系平衡，可持续经营将存在较大挑战。第二，传统运营模式制约担保效率。金融服务刚性需求的快速增加对金融机构完善数字化顶层设计、重构底层逻辑和夯实技术能力提出了更高要求。担保机构的运营如果仍停留在线下单笔尽调模式，业务效率和数字化程度都难以满足业务快速增长的需求，服务企业的效能将受到制约。

2. 根据业务需求及进展搭建数字化体系。(1) 移动展业：项目登记、客群分类、产品匹配、补贴汇总、历史查询。(2) 资料收集：授权批量处理政务、税务、司法、发票信息，一次调研"汇总"多项信息。(3) 风控审核：运用大数据精准勾勒客户画像，从"人防"向"人防+技防"的方式转变，结合客户所处的行业、区域、产业等进行丰富的模型演练，逐步实现小金额线上贷款的自动化审批。(4) 合同签约："指尖"上的签约、移动化办理、线上化跟进、实时查看流程。(5) 发放贷款：线上高效放款，急企业之所急。(6) 贷后跟踪：建立智能化数据检测，实现非现场预警，实现持续监控、实时预警处理。

3. 数字化转型时需保证的原则。第一，数据资产要自主可控。数据是担保机构数字化转型后的核心资产。因此，一定要加强数据资产的安全防护和及时备份。第二，专人专岗牵头负责数字化转型工作。担保机构需要设立专人专岗来负责数字化工作，公司管理层需要提供一切必要的支持，推动数字化转型彻底、高效。第三，公司相关制度需要做配套升级。数字化转型的核心不仅仅是把线下的工作搬到线上，而是需要更新相关制度，配套数字化技术改造升级后的新工作机制。